国学心脉

书院中的传统人文精神

张志君 著

江西教育出版社

JIANGXI EDUCATION PUBLISHING HOUSE

图书在版编目（ＣＩＰ）数据

国学心脉：书院中的传统人文精神 / 张志君著. ——
南昌：江西教育出版社，2018.6
ISBN 978-7-5705-0090-1

Ⅰ.①国… Ⅱ.①张… Ⅲ.①书院－文化史－中国
Ⅳ.① G649.299

中国版本图书馆 CIP 数据核字 (2018) 第 003893 号

国学心脉：书院中的传统人文精神

GUOXUE XINMAI:SHUYUAN ZHONG DE CHUANTONG RENWEN JINGSHEN

张志君　著

江西教育出版社出版

（ 南昌市抚河北路 291 号　　邮编：330008)

各地新华书店经销

江西省和平印务有限公司印刷

720 毫米 ×1000 毫米　　16 开本　　11.5 印张　　字数 159 千字

2018 年 6 月第 1 版　　2020 年 4 月第 2 次印刷

ISBN 978-7-5705-0090-1

定价：35.00 元

赣教版图书如有印装质量问题，请向我社调换 电话：0791-86710427

投稿邮箱：JXJYCBS@163.com　　　电话：0791-86705643

网址：http://www.jxeph.com

赣版权登字 -02-2018-237

序言

袁小平

传统文化何处寻？历代书院火传薪。

从某种意义上说，任何一种"文化"都有"动"与"静"、"活"与"死"之分，如何使"静"的文化"动"起来，使"死"的文化"活"起来，这是一个非常值得探讨的大问题。文化的由"静"到"动"，由"死"到"活"，需要借助一定的"抓手""载体"与"平台"，我认为，中国传统书院就是这样的"抓手""载体"与"平台"。

在中国传统文化由"静"到"动"，由"死"到"活"的过程中，传统书院发挥了不可或缺的作用。正是因为有了这些知名的和不知名的书院，才可能使"静"的文化"动"了起来，使"死"的文化"活"了起来。

但是，书院只是一个载体，一个平台，它能够发挥重要作用，归根结底离不开活动于其中的人，特别是活动于其中的文化名人。这些文化名人使得书院的"载体""平台"乃至"媒体"的作用得以进一步彰显甚至凸显。从这个意义上说，书院因为有了文化名人而得以居功至伟甚至千古不朽，而从另外一个角度加以考量，这些文化名人本身又与书院有着千丝万缕的联系。离开了书院，他们的名气将有可能严重"缩水"。因此，书院与文化名人之间的关系，就成了观察书院与中国传统文化之间关系的一个独特视角。

我的同事张志君是中国教育电视台副总编辑兼《教育传媒研究》杂志总编辑、研究员。他一直对中国传统文化充满热爱，并且乐于浸淫于其中。早在上个世纪90年代他就开始应约在中国台湾地区出版了《中国大内秘辛》（精装本6卷，台湾旺文社出版公司1995年出版）、《十二亿中国人大换脑》（台湾先见出版公司1998年出版）、《中国那些事儿：历代帝王奇怪事》（台湾大尧文创出版社2012年出版）、《中国那些事儿：皇家二代辛酸事》（台湾大尧文创出版社2012年出版）、《中国那些事儿：荒唐天子荒谬事》（台湾大尧文创出版社2012年出版）、《中国那些事儿：后宫斗争难堪事》（台湾大尧文创出版社2012年出版）、《中国那些事儿：后妃风流风趣事》（台湾大尧文创出版社2012年出版）、《中国那些事儿：宦官外戚怪闻事》（台湾大尧文创出版社2012年出版）、《中国历史二代帝王启示录》（台湾大尧文创出版社2012年出版）等著作，总字数达180多万。其中，《中国大内秘辛》《十二亿中国人大换脑》在台湾地区多次进入畅销书排行榜并多次再版。2015年他应邀在中央电视台《百家讲坛》栏目主讲中国传统文化，所讲内容后由商务印书馆整理出版，在业界引发广泛关注。

本书乃是张志君先生在中国教育电视台《国史演义》栏目的讲稿。据我所知，张志君先生的这几期节目曾经创下不俗的收视率，从理论上说，至少有数百万观众浏览过或者收看过这些节目，而且，这些节目在"寸土寸金"的电视台主频道黄金时段先后播出过多次，在使人慨叹"吾道不孤"的同时，也从一个侧面说明了倘若能够将优秀传统文化用现代老百姓喜闻乐见的方式包装起来，完全可以对其进行现代化价值转换，并且取得不俗的效果，获得广大观众的接纳和认同。

读罢书稿，抚案沉思，觉得本书至少有以下几个特色：

一是注重传统文化的现代化价值转换。意大利历史学家克罗齐有一句名言："所有的历史都是现代史"，这话我的理解是所有的历史和历史研究都应该而且必须成为一面"镜子"，为当下提供有意义的借鉴，这其实也是历史和历史研究的魅力和价值所在。历史和历史研究是如此，文化历史、教育历史及其研究也应如此。纵观本书，我们不难发现作者特别强调"古为今用"，对于传统书院狠下了一番"去粗取精，去伪存真，由此及彼，由表及里"的功夫，剔除掉了传统书院中的不合理部分，而对其合理内核则进行了符合现代价值观念的转换。因此，虽然本书谈的是中国古代的书院，但是却对当下的中国教育乃至社会不无启迪。

二是注重熟悉事物的陌生转换。俄国形式主义评论家什克洛夫斯基曾经提出过一个概念，叫作"陌生化"。所谓"陌生化"，是指创作者为了更好地表情达意而采取的一种异于常规的表现手法，它在内容与形式上违反人们习见的常情、常理、常事，同时在艺术上超越常境，打破形式逻辑却又合乎情感逻辑，使读者不但不觉得别扭，反而感到新颖别致，于不经意中把人引入一个奇美的艺术之境。通俗地说，所谓"陌生化"，我认为，就是推陈出新、化腐朽为神奇。纵观本书，我们不难发现作者特别重视通过已知带出未知，注意寻找已知背后隐藏着的为常人司空见惯、习焉不察的未知，然后通过这些未知丰富已知。这一点，相信读过本书《范仲淹与〈岳阳楼记〉》那一节的朋友会有同感。

三是注重学术话语的通俗化表达。"书院"研究原本非常枯燥，相关学术话语许多现代人难以理解。如何使这些佶屈聱牙的文字词语为普通人所理解？作者在这方面做了很多探索。在我看来，能够将高深的话语用每个人都能够听得懂的方式表达出来，这才是真的本事和学问。

四是注重"历时性"与"共时性""经纬度"的精心编制。本书试图以历史为"经"，以书院和文化名人为"纬"；以历时性为"经"，共时性为"纬"，通过"共时性"叙述丰富"历时性"，以"历时性"重组"共时性"，在一个章节里面打乱时空，形成独特的蒙太奇叙事，给人以"重组"或"重构"相关历史的新奇之感。

　　本书主要讲述了范仲淹、王阳明、曾国藩、左宗棠、张之洞等中国古代文化名人与书院的故事。范、王、曾、左、张他们的名字可能为世人所知晓，但本书所讲述的这些故事其中许多却绝对鲜为人知。比如千古流传的散文名篇《岳阳楼记》其实并不写于岳阳楼，而是在千里之外的河南一所名叫"花洲书院"的地方写成的；再比如几乎是封建时代读书人楷模的曾国藩，年轻的时候曾经是一个无可救药的烟鬼，是书院帮助他戒掉了烟瘾；再比如，今天的许多人都推崇王阳明，殊不知，没有贵州的一所名不见经传的书院——龙岗书院，就不可能有王阳明的心学；等等，不一而足。

　　了解了这些，应该有助于我们更好地走近伟人，走近书院，走近中国传统文化，在熙熙攘攘的滚滚红尘中静下心来，想一想我们为什么出发。

（作者系中国教育电视台台长）

目 录

第三章 推动官办教育由"两级办"向"三级办"转变

——"才本王佐，学为帝师"的范仲淹与北宋书院

第四章 集大成而绪千百年绝传之学

——"宗孔嗣孟"的朱熹与南宋书院

第五章 外族虽然入主，文化并未断层

——"师事二程，接武朱熹"的吴澄与元代书院

第九章

为保住传统文化而鞠躬尽瘁，投笔从戎
—— "汲汲以荐举人才为己任" 的曾国藩与书院的那些事

第十章

张之洞与书院的那些事

一说到文化的传承，人们往往都会将其与文人联系在一起。其实，有的时候，『武人』的作用也不可低估。尽管宋太祖赵匡胤曾经说过『之乎者也，助得甚事！』之类的混账话，但恰恰是这位『武人』皇帝治理下的大宋帝国，中国传统文化出现了前所未有的繁荣局面。『武人』助推文化绝非始于赵匡胤，早在此前就有一个『武人』，凭借手中之剑，为文化的跨区域传播和跨时间传承立下了汗马功劳……

第一章

把北方文化带到荒凉的南国

——"开漳圣王"陈元光父子与松州书院

今天的福建省漳州市芗城区浦南镇的松州村有一所书院，这所书院乃是中国古代最古老的书院之一，它的名字叫松州书院。作为文化机构的松州书院追本溯源却是"武化"的产物，这又是怎么一回事呢？话还得从一个人说起。

　　这个人姓陈，名元光，乃是唐代的一位武将。

第一节　偃武修文，"开漳"治州

　　中国历史上，有些人由于种种原因虽然一开始时并没有被官方的历史所记载，但却在民间有着常人难以想象的影响力，并进而影响其后的官方，然后获得许多年以后的官方认可。这种"倒逼"的成名方式很有意思。在福建、台湾一带，妈祖是如此，陈元光也是如此——在《新唐书》和《旧唐书》中，都没有任何关于陈元光的记载，但是，他却在离世许多年以后，被历代皇帝陆续追封为"豹韬镇国大将军""颖川候""灵著顺应昭烈广济王""昭烈候"等，后来更是被清代的乾隆皇帝封为"开漳圣王"。

　　所谓"生当鼎食死封侯，男子平生志已酬"用来描写陈元光倒是十分贴切。

　　那么，陈元光为什么能够在死后获得那么多的殊荣呢？

　　话还得从唐代初年岭南一带的老百姓，特别是少数民族与中央政府之间的关系说起。

尽管今天的岭南一带早已经和北方中原一带融为一体，但至少在秦代以前，岭南一带的老百姓，特别是少数民族与中央政府之间的关系却一直不是很和谐。

据《淮南子》记载，在秦军南侵时，当地的老百姓逃亡至山林之中，"与禽兽处，莫肯为秦虏"，并推选一个名叫"桀骏"的人做将领，发动夜攻，大败秦军，"杀尉屠睢，伏尸流血数十万"——这当然是夸张了，但扫平六国的秦军在当地遭遇大败确实是一个不争的事实。岭南一代的特殊地理位置使得它具有得天独厚的优势。秦朝末年，来自北方的赵佗就借助岭南一带特殊的地形，"急绝道聚兵自守"，并借机杀掉了秦朝安置在南海郡的官吏们，换上自己的亲信。

秦朝灭亡后，公元前203年，赵佗起兵兼并桂林郡和象郡，建立了以番禺为王都，占地千里的南越国，自称"南越武王"。西汉平定岭南一带的叛乱，尽迁东越人和闽越人往江淮地区。越人之不服者逃匿于深山，三国时称为山越，散居于江、浙、赣、闽一带的山区。山越曾一度成为东吴帝国的心腹大患。《三国志》的作者陈寿曾就此发表议论说："山越好为叛乱，难安易动。是以孙权不遑外御，卑辞魏氏"，认为东吴不得不对曹魏政权低声下气，正是由于山越作乱之故。

这种情况一直到了唐代初年也没有多大的改变。唐高宗总章二年，也就是公元669年，今天泉州一代的畲族在一个名叫雷万兴的人的带领下，对抗朝廷。关于这场战争从不同的民族视角可能有着完全不同的解读，汉民族，尤其是汉民族统治者是将这场战争视为平叛战争的，而当地的畲族却将其视为本民族的一次起义。

雷万兴等人揭竿而起之后，当时的朝廷反应还是比较迅速的，很快就派来了一支军队平叛，这支军队的统兵将领叫作陈政。唐朝军队虽然号称精锐，但是，千里奔袭，毕竟是"客场"作战，仪凤二年（公元677年）四月，陈政殁于云霄住所，享寿六十二岁，谥忠肃。这个时候，我们本讲的主人翁陈元光正式出场了。陈元光时年二十一，袭父职任左郎将，代领其众。

当上统兵将领之后，陈元光主要做了以下一些事情：

一是变原来的"七闽"为"八闽"，创建了"漳州"。我们今天经常称福建为"八闽大地"。其实，在陈元光以前，福建是只有"七闽"而非"八闽"的。正是在陈元光的任上，"七闽"才变成"八闽"的。这又是怎么一回事呢？话还得从公元 686 年说起。这一年，陈元光亲笔给朝廷上了一道奏折，他在奏折中说：

> 泉潮守戍左玉铃卫翊府左郎将臣陈元光言：伏承永淳二年八月一日制，臣进阶正议大夫岭南行军总管者，受命战兢，抵官弥惧。臣以冲幼，出自书生，迨及童年，滥膺首选。未及干戈，守至懦至弱之质；惟知饱暖，无日区日处之能。幸赖先臣绪业，叨蒙今日国恩，寄身都阃，任事专征。爰从视职以来，不敢少有宁处。况兹镇地极七闽，境连百粤，左衽居椎髻之半，可耕乃火田之馀。原始要终，流移本出於二州；穷凶极暴，积弊遂逾於十稔。元恶既诛，馀凶复起。法随出而奸随生，功愈劳而效愈寡。抚绥未易，子育诚难。窃惟兵革徒威於外，礼让乃格其心。揆诸陋俗，良由职方久废，学校不兴，所事者蒐狩为生，所习者暴横为尚。诛之则不可胜诛，徙之则难以屡徙。倘欲生全，几致刑措。其本则在创州县，其要则在兴庠序。盖伦理谨则风俗自尔渐孚，治理彰则民心自知感激。窃以臣镇地曰安仁，诚为治教之邦。江临漳水，实乃建名之本。如蒙乞敕，定名号而复入职方，建治所而注颁官吏，治循往古之良规，诚为救时之急务。秦越百家，愈无蟠隙；畿荒一德，更有何殊？臣谬居外镇，忝在封疆，所得事宜合奏，谨具厥由，伏候敕旨。

中国历史上唯一的女皇帝武则天很快批准了陈元光的请求，敕建漳州郡，下辖怀恩、漳浦两县，因州治傍漳江而名漳州。

二是加强包括经济建设在内的社会建设，将北方相对比较先进的汉族农耕文化引入该地，同时注重扶持工商业。史书上称他在州内设三十六个堡，立行台于四境，作为军事绥靖和政治教化的据点。"乃率众辟地置屯，招来流亡，营农积粟，通商惠工，奏立行台于四境，时巡逻焉。"从这时起，"北距泉兴，南逾潮惠、西抵汀赣，东接诸岛屿，方数千里，无烽火之惊，号称乐土"。（见《云霄县志·名宦》）

三是重视民族和解。对山越人以招抚为主，德威并重，和亲通婚。他迎娶山越女子为夫人，对叛唐的人施以武力；对愿归顺者，则令其划地居住，自己管理自己，称"唐化里"，亦称"九龙里"。号称"蛮荒"之地的闽南，经济文化因此得到了迅速发展。陈元光也成为促进中原文化与闽越文化融合的奠基者。陈元光去世后，被后世尊奉为"开漳圣王"。

陈元光未及弱冠即随父率众南下，始终坚守在闽戍地，长达四十二年。他治闽有方，开科选才，任用贤士，招抚流亡，烧荒屯垦，兴办学校，劝民读书。

唐睿宗景云二年，也就是公元711年十一月初五，陈元光于出巡途中闻警，率轻骑讨之，因步兵后至，为贼将兰奉高所刃，竟以身殉。同时赴难者，尚有营将马仁等。去世这一年陈元光只有五十五岁，百姓哀号，相与痛哭，权葬于云霄之大崎原（原墓遗址至今犹存）。这件事很快被奏报给朝廷，唐睿宗听了，亲自下诏哀悼，并且给他加官晋爵赐予谥号，准予在漳江畔之州治所在地为其建立祠庙。

陈元光虽然死了，但他传播先进文化的精神却没有死，因为他的儿子陈珦早在几年前的唐中宗景龙二年，也就是公元708年，就创立了一所专门传承文化的教育机构——松州书院。

第二节　弃武从文，陈珦创松州书院

陈珦，字朝佩，陈元光之子。俗话说"龙生龙，凤生凤，老鼠生儿会打洞"。这位出身武将世家的陈公子为什么会弃武从文，创办一所民间教育机构呢？

这其中的原因很多，我想可能主要有以下几点：

一是老爸的主观期许。人们一般认为，宋代"重文轻武"，唐代则"重武轻文"，所举的例子一般都是杨炯的诗歌"烽火照西京，心中自不平。牙璋辞凤阙，铁骑绕龙城。雪暗凋旗画，风多杂鼓声。宁为百夫长，胜作一书生"。且不说对于杨炯的这首诗，自古就有两种完全不同的解读，即使是纯粹从正面理解，杨炯的这首诗其实也有可能是他的一家之言，否则的话，安禄山就不可能在起兵叛乱时如入无人之境，一路所向披靡了。

其实，历朝历代立国之初可能都"重武轻文"，但是，当国家步入正轨之后，估计就会很快转向"重文轻武"，这一点西汉时期的大臣陆贾说得很明白："（天下可以）居马上得之，宁可以马上治之乎？"这话虽然是对汉高祖刘邦说的，但却是所有有识之士的共识。

打个不太恰当的比喻，陈氏父子——陈元光及其父亲陈政乃是"打天下"的一代，而陈元光的儿子陈珦则是"治天下"的一代，这一点，在陈元光写给儿子的一首诗中袒露无遗。这首诗是这样写的："恩衔枫陛渥，策向桂渊弘。载笔沿儒习，持弓缵祖风。祛灾剿猛虎，溥德翊飞龙。日阅书开士，星言驾劝农。勤劳思命重，戏谑逐时空。百粤雾纷满，诸戎泽普通。愿言加壮努，勿坐鬓霜蓬。"如果说，这首诗还有点文绉绉的不太好懂的话，那么，陈元光在陈珦小的时候摸着他的头对他说的一段话应该更能够说明他对儿子的人生期许。这段话是这样的："儿非戈戟士，乃台院秀儒也"——翻译成现代汉语的话，意思是"你这个孩子可不是什么赳赳武夫，而应是一个有成就的读书人"。

在唐代，人们一向以专攻读书，成为"台院秀儒"为荣。阎立本是唐代著名画家，曾经官至宰相。他出身贵族，是北周武帝宇文邕的外孙。其父阎毗北周时曾为驸马，其母是北周武帝之女清都公主。因为阎擅长工艺，多巧思，工篆隶书，对绘画、建筑都很擅长，隋文帝和隋炀帝均爱其才艺。

入隋后他官至朝散大夫、将作少监。后来唐代隋，他继续在朝廷做官。据《旧唐书·阎立本传》记载，有一次，唐太宗李世民同侍臣们乘舟在御苑的池中游玩赏景，看到池中有奇异的怪鸟在水面上随波浮游。唐太宗手拍船栏杆叫好，命令在座陪同的侍臣们当场赋诗赞咏，又命令随侍的宫人宣召阎立本前来将怪鸟画下来。宫人们当即向岸上传呼道："召画师阎立本到青苑玉池拜见皇上！"当时，阎立本任主爵郎中。听到传召后，他急忙跑步赶来，大汗淋漓，立即俯身池边挥笔画起来，而且，满面羞愧不堪。

事后，阎立本告诫他的儿子说："我小时候爱好读书，值得庆幸的是我还不是个不学无术的蠢材，我都是有感而发才写文章。在同行中，我的文章写得还是比较不错的。然而，我最知名的是绘画。可是，它却使我像奴仆一样地去侍奉他人，这是莫大的耻辱，你应该深以为戒，不要学习这种技艺了。"阎立本为什么不让自己的儿子再学习绘画，而是专攻读书，很重要的一个原因我想可能是在唐代人的心目中，也是"万般皆下品，惟有读书高"的。

二是有名师辅导。这里所说的"名师"乃是一个名叫许天正的人。说起这个许天正那可是大有来头。他不是别人，而是许靖的第十六代孙。看过《三国演义》的朋友想必还记得许靖。许靖其人，曾经先后给包括孔伷、陈祎、许贡、王朗等人在内的封疆大吏担任过学术顾问，还曾经在董卓、刘璋等"无道昏主"手下当过差。无论走到哪里，他都被别人高看一眼。刘备在成都称汉中王，他被任命为太傅；后来，刘备登基称帝，他又被任命为司徒。虽然年过七十，他仍然喜爱人才，奖励提拔后辈，品评清谈不倦。丞相诸葛亮都向他下拜。

连诸葛亮都要顶礼膜拜的人物，可不是一般的"牛"！因此，倘若许天正借用鲁迅小说《阿Q正传》中阿Q老兄的名言夸耀的话，我估计肯定会说："哥们祖上那可曾经阔气过！"

当然，这位许天正可不像阿Q那样浅薄。据相关史料记载，他年幼受家庭熏陶，有很好的文化基础，又喜军事，精研孙吴兵法和历代兵家的战略战术，曾任陈元光的副使，总章二年（公元 669 年）任泉、漳团练使，赠殿前太尉，官至宣威将军，被誉为 "漳南开基" 始祖。唐高宗永隆二年，也就是公元 681 年，陈谦等人起兵作乱，攻陷潮阳，陈元光奉命派许天正进军讨伐，结果当然毫无悬念，蕞尔小丑的乱兵怎么能够抵挡住具有丰富军事经验的许天正所统帅的朝廷正规部队呢？《全唐诗》收录了许天正的一首诗，题目叫《和陈元光平潮寇诗》。透过这首诗，我们不难窥见当时许天正平定叛乱时所采取的策略。这些策略主要包括：

在军事上采取 "骑兵碾压步兵" 的策略，即诗中所说的 "聚骑破千重"。对军事感兴趣的朋友想必都知道，骑兵乃是北方军队的强项。许天正率领的正是来自北方的骑兵，而在冷兵器时代，骑兵几乎是无敌的，毕竟像岳家军那样能够以步卒硬抗金国骑兵的军队实在是少之又少，所以，"聚骑破千重" 绝非文学夸张。在政治上，许天正采取的是 "首恶必办，胁从不究" 的策略，这就是诗中所说的 "落剑惟戎首，游绳系胁从"。有这种军事上与政治上双管齐下的办法，想不打胜仗可能都不行！

许天正与陈元光乃是几代的交情。许的老爸许陶与陈元光的老爸陈政是上下级关系，而许本人与陈元光也是上下级关系。许天正其人不仅打仗有一套，而且十五岁时就博学能文，并且考中了 "明经科" 进士，授职为东宫 "纪善" ——用通俗的话说就是已经和皇太子套上了关系。

"纪善" 是一个八品职务，主要职责是给未来的皇帝讲授治国理政的学问，换句话说，相当于皇太子的老师。能够给皇太子当老师的人，那学问肯定差不了。有这样一位老师，陈珦的学问估计肯定也不错——史书上说他 "经书过目不忘，尤善词赋" 估计必有所本。

三是翰林院的见识。 翰林，即文翰之林。武德时，高祖设立由各种艺能之士供职的翰林院，除文学之士外，医卜、方伎、书画，甚至僧道等皆可入选，以待诏于院，史称 "翰林初置，杂流并处"。陈珦是公元 696 年考中 "明经科" 进士后被任命为翰林承旨直学士的。我们知道，无论政治地位高低，在各朝各代，翰林学士始终是社会上地位最高的士人群体，集中了当时知识分子中的精英，社会地位优越。唐朝的李白、杜甫、张九龄、白居易，宋朝的苏轼、欧阳修、王安石、司马光，明朝的宋濂、方孝孺、张居正，晚清的曾国藩、李鸿章，等等，都曾是翰林中人。入选翰林院又被称为"点翰林"，在古时候是件非常荣耀的事情。在翰林院工作期间，陈珦所接触的应当都是一时人才之选，用今天的话说，就是都是精英人士；近朱者赤，耳濡目染，长了不少见识，肯定也坚定了他办学的决心。

四是地方官的请求。前面我们曾经提到，陈珦是公元 696 年考中"明经科"进士的。公元 696 年的中土，已经不是"大唐"，而是"大周"——早在公元 684 年，武则天就废中宗自立。李勣之孙李敬业（即徐敬业）在扬州起兵反对，著名文人骆宾王亲笔起草了一篇讨武檄文，这就是那篇赫赫有名的《为徐敬业讨武曌檄》。这篇文章中所写的"班声动而北风起，剑气冲而南斗平，喑呜则山岳崩颓，叱咤则风云变色。以此制敌，何敌不摧？以此图功，何功不克？……请看今日之域中，竟是谁家之天下！"应当说，肯定会给包括陈珦在内的正统知识分子留下深刻印象，所以，虽然贵为翰林承旨直学士，但陈珦过得并不快乐。郁郁寡欢任职十二年后，他终于忍无可忍，上疏乞归养——借口双亲年迈，请求辞职返乡。中国传统知识分子讲究"乱邦不居"，一旦看到当权者倒行逆施而又无法改变的时候，他们往往选择"去中心"。《论语·公冶长》曾经记载孔子在当权者昏庸的时候的慨叹："道不行，乘桴浮于海"，估计当时的陈珦也怀有与当年的孔子一样的心态。

其实，有这种"乱邦不居"心态的又岂止是唐代陈珦一人。朱之瑜是明清之际的学者和教育家。字楚屿，又作鲁屿，号舜水，汉族，浙江余姚人，明末贡生。清兵入关后，他流亡在外参加抗清复明活动。南明灭亡后，东渡定居日本，在长崎、江户（今东京）授徒讲学，传播儒家思想，很受日本朝野人士推重。他去世后，弟子今井弘济、安觉济为他写下悼文："呜呼先生，明之遗民。避难乘槎，来止秋津。寤寐忧国，老泪沾巾。衡门常杜，箪瓢乐贫。韬光晦迹，德必有邻。天下所仰，众星拱辰。既见既觐，真希世人。温然其声，俨然其身。威容堂堂，文质彬彬。学贯古今，思出风尘。道德循借，家保国珍。函丈师事，恭礼貪宾……"当然，这都是后话了。且说那陈珦从都城回到家乡之后，原本心灰意冷的他遇到了一个非常重视文化教育事业的地方官，此人名叫席宏隆，时任福建龙溪县县尹，也就是县令。景龙二年也就是公元708年，龙溪县令席宏隆礼聘陈珦主持乡校，开创书院于松州，这就是松州书院的由来。

第三节　要相信文化的力量

松州书院占地面积约十五亩，内设有书舍、厅堂、跑马场，既可习文，又可习武，具有相当大的规模。这所书院是怎么办学的呢？

综合现有史料，我们发现，它至少有以下几个特点：

一是特别重视传统文化教育。书院的课程，以"崇儒"为内容，主要学习"五经"。说到这里需要更正一下。曾经看到有文章称唐代书院就已经开始学习"四书"，这实在是不了解"四书"这个概念的由来。没错，"四书"中的每一部都成书于先秦时代，但是直到宋代，朱熹才将《大学》《中庸》《论语》和《孟子》集纳到一起，与千年前就有的"五经"双峰并峙，共同成为中国传统儒家知识分子精神生活的圭臬。所以，唐代的书院不可能有所谓读"四书"这个概念，除非玩"穿越"。松州书院身处唐代，不可能"穿越"到宋朝。

因为隋文帝晚年崇佛过甚，所以儒学在隋代曾经受到重大打击，全国只保留国子学一所，学生七十人，严重地破坏了教育事业。继隋朝而立的大唐帝国，处处都想反隋之道而行之。早在成为皇帝之前，当时的秦王李世民就曾经开设文学馆，收揽四方俊彦之士入馆备询顾问，自己当上皇帝之后更是确立了"偃武修文"的治国方略。一个名叫真德秀的古代学者曾经说过这样的话："后世人主好学者莫如唐太宗。"李世民"偃武修文"的治国方略有两个支撑点，一个是恢复"高考"，给当时的知识分子一个进身之阶。据说唐太宗见到参加科举考试的读书人进入考场时曾经发出过"天下英雄，入吾彀中矣"的豪言。还有一个就是编修统一的教材。唐太宗曾经下令召集当时一些著名的儒士共同撰修《五经正义》，以便把知识分子的思想统一到正统的儒家范畴。松州书院创办的时代，距离太宗时代不远，所以，松州书院的教材主要是"五经"，也就是《诗经》《尚书》《礼记》《周易》《春秋》。

二是特别重视学生独立人格的培养。据相关史料记载，在陈珦主持松州书院期间，曾经发生过一次有名的辩论。辩论的主题是何谓"敬"。

辩论的一方认为，"敬"的对象只能是在上位者，比如家里的家长，官府中的官长；而另外一方则认为，"敬"的对象不应太世俗，敬重家长没有任何问题，但敬重官长就要看看其值不值得敬重，并且引用孟子的"闻诛一夫纣矣，未闻弑君也"作为重要理论依据。孟子的这句话出自《孟子·梁惠王章句下》，原本的语境是回答齐宣王的提问。齐宣王问孟子："商汤流放了夏桀，周武王讨伐商纣。做臣子的杀死他们的君王，这符合仁义吗？"面对齐国当时的国君，孟子理直气壮地回答："破坏仁的人，称之为贼；破坏义的人，称之为残。破坏仁义的残贼，已经不是正常的人，只能称之为独夫。我只听说过诛杀独夫商纣王，不知道什么叫弑君。"——这在当时还是很有些振聋发聩的味道的。

松州书院重视学生独立人格的培养后来成了一个传统，并且造就了周匡物这样的著名人物。周匡物，字几本，乃是松州书院所在的龙溪县继陈珦之后的第一个文进士。据相关史料记载，周匡物小的时候，家里很穷，但他却勤学不辍。在徒步上京赴考途中，他途经钱塘江，因为没有渡船费，久滞不前。如果是一般的读书人，遇到这种情况一般会有两种选择，一种是自怨自艾，极度自卑，另外一种则是求助于有权有势的人，甚至不惜卑躬屈膝。但是，周匡物却并没有采取这两种选择中的任何一种，而是采取了一种与众不同的方式达到自己过江的目的。他是怎么达成过江目的的呢？据相关史料记载，这位周书生采用了三十六计中的"指桑骂槐"的策略，把自己不能够过江的责任归咎于秦始皇，为此，他专门在所住旅店外面的墙壁上题了一首诗。这首诗是这样写的："万里茫茫天堑遥，秦皇底事不安桥？钱塘江口无钱过，又阻西陵两信潮。"——很明显，这里用了一个《史记》中的相关典故。周匡物的这首诗责问秦始皇为什么不在钱塘江上建一座桥。但是，钱塘江上造桥谈何容易。由于钱塘江江面宽阔，涌潮凶猛，淤泥深厚，以当时的技术水平，要在钱塘江上造桥，真是"蜀道之难，难于上青天"。据说，杭州民间有一句谚语，叫"钱塘江上造桥"，用来形容说大话、吹牛皮的人。当然，这都是题外的话了。

周匡物所生活的那个时代并没有"微博"或"微信"。在旅店外面的墙壁题诗，相当于今天的发微博或微信。当地的地方官看了之后顶不住"围观者""围观"的压力，"乃罪津吏"——就像后世许多地方出了问题常常拿"临时工"顶缸一样，当地的地方官给负责道路交通工作的小吏安了一个罪名处理以平息舆论。"自是舟子不敢收取举选人渡船钱"——周匡物也因之得以顺利渡江。说起来，他也算是那个时代借助"微博"成功进行社会治理干预的成功人士了。而这一切，追本溯源，都可以归因于松州书院流传下来的重视学生独立人格培养的相关教育。

要相信文化的力量。随着松州书院的创办，漳州文教渐兴，诗赋唱和开启了风雅新声；知书达理的人愈来愈多，带动民风转淳。书院对文化的融合以及对人们思想所产生的潜移默化的影响，随着朝代的更迭一直持续不断地在默默积累以及悄悄转化。这些变化在一片祥和的年代或许表现得并不是那么明显，但在风雨动荡之中，却能产生令人感慨的力量。

往事越千年，转眼到了南宋末年，元兵大举南下，战火一直蔓延到了东南沿海。抗元英雄张世杰到岭南召集义军。就在这个国家危亡的危急时刻，有一位许夫人当即应时而出，为保卫乡邦，举起了抗击元兵的义旗，与元兵大战于京洋屯（一名百丈埔，即今之浮山）。这一役，许夫人亲率起义军，驰骋沙场，披甲血战，终于以身殉国。这位许夫人据说就是畲族人。每逢读到许夫人的事迹时，我常常掩卷而思，是什么力量能够让当年屡屡起兵反抗汉族人所建立的唐帝国的畲族人"渡尽劫波情谊在",与汉族兄弟"相逢一笑泯恩仇",携手并肩抵御强敌入侵的呢?深入了解了松州书院的故事后,我有了一个答案,那就是:要相信文化的力量!

五代十国时期是中国历史上最混乱、最黑暗的时期之一，战争和频繁的政权更迭导致了大量文献的遗失以及科技与文明的衰败。但就在这个时期，却有一个人，凭借坚持不懈的努力，在一个地方『逆风飞扬』，办起了一所名叫『匡山书院』的教育机构……

第二章

在黑暗的乱世中留住文化的根苗

—— "平天下，宜以修身为本" 的罗韬与匡山书院

"匡山书院"之所以能够在乱世中问世，并且获得皇帝的肯定，成为中国历史上第一个获得皇帝赐名的民间书院，很重要的一个原因是它有一个智慧的奠基者。这个智慧的奠基者姓罗，名韬，字洞晦，号静逸先生，又号匡山子，曾任五代十国时期后唐的端明殿学士。

这位罗韬罗大学士为什么要创办一所书院呢？

话还得从公元 932 年说起。

第一节　辞官归隐，只为在黑暗的乱世中留住文化的根苗

罗韬生于唐僖宗光启二年六月十五日，也就是公元 886 年 7 月 20 日，出生地点在今天的江西省泰和县境内苑前乡。泰和县地处水陆要冲，"咽喉苏广、唇齿闽浙"，自古即为南北通衢。秦代开辟的由京师通往岭南的"通南越道"即经过泰和。隋唐在县城东建有白下驿，沿用至明代。泰和县也是一个名人辈出的地方，据不完全统计，泰和县共产生进士四百二十人，状元三人，榜眼四人，探花五人。从功绩显赫的高官大吏、风流名士来看，有四朝元老、位居相位的杨士奇，状元宰相陈循，《永乐大典》代总裁梁潜，著名理学家罗钦顺，水利家周矩，农学家曾安止，教育家罗韬，画家郭诩，军事家郭子章，等等。即使是到了当代，泰和县也一直文风昌盛，自 1977 年恢复高考制度以来的三十多年间，这片丰腴的土地先后产生六十三名博

士。全镇十八个行政村，几乎村村有博士，平均每五百人中就有一个博士。

罗韬就是在这样一个"人杰地灵"的地方度过了自己的童年和少年、青年时代。据相关史料记载，罗韬从小就有志于学。稍长，更清修苦学，淡于声利。他对于传统文化经典有独到的理解和感悟，用今天的话说，他是一个"学霸"性质的传奇人物。他的读书生涯已经充满传奇了——曾经见到《论语》中的一句话就豁然顿悟——但是，令人想不到的是，他从读书人到官员的转型同样充满了传奇色彩，这又是怎么一回事呢？

话还得从唐朝及五代时期的科举考试制度设计说起。中国古代的科举，打个不太恰当的比喻，有点相当于今天的高考。今天的高考有所谓的"高考移民"——由于中国幅员辽阔、考生众多，且各地区之间教育水平存在较大的差距，所以很长一段时间内实行的是各省、市、自治区分别进行评卷和划定高考录取分数线的政策；部分考生利用各地存在的高考分数线及录取率高低的差异，通过转学或迁移户口等办法到高考分数线相对较低、录取率较高的地区应考，这被称为"高考移民"。其实，从某种意义上说，中国古代也有"高考移民"，这又是怎么一回事呢？

原来，唐代科举考试有一个惯例，凡是京兆府——相当于今天的首都直辖市——解送的举人，礼部考试十有七八中举。于是"诸道举人多于京兆府寄应，例以洪固乡胄贵里为户"。这种"寄籍应举"的制度设计，既有点类似于今天的"高考移民"，又有点类似于今天的"学区房卡位"，其实是一种考试弊端。

虽然朱温所建立的后梁早在公元907年就废除了这个陋习，但是，以唐朝继承人自诩的后唐却在相当长的一段时间里沿袭唐朝的制度。

朝廷爱显摆不要紧，但却给罗韬这样的读书人造成了很大的麻烦。随大流吧，有违自己做人的底线，不随大流吧，竞争起来实在是不公平。

直至后唐天成三年，也就是公元928年，朝廷才明令取消"寄籍应举"的制度设计——"自此各于本道请解"，而且要"具言本州县某乡某里某为户"。

如要寄籍应举，也"须具本贯入状"，不允许再用"洪固乡胄贵里"为户——套用今天的话说，就是你就算办了个"假户口"，买了一套"学区房"那也没用了。

而且，如果弄虚作假，"本人并给解处官吏，必加罪责"——要追究你的刑事责任。在制度设计相对较为合理的大前提下，罗韬才从老家动身，前往后唐首都洛阳，参加科举考试。

当时的科举考试，有明经、明法、童子等科，称为诸科。明经科只是"帖经墨义"，因而应举者多。后晋时"每岁明经一科，少至五百以上，多及一千有余"。且"多不究义，唯攻帖书"，文理也不甚通。后唐时虽然不像后晋那么滥，但参加的人也不少。罗韬参加的并非明经科，而是地地道道的进士考试，并且还考中了进士。这可以从他的一首题为《赠逸翁陈先生都干西昌律》的七律诗歌中窥见端倪——在这首诗中有这样一句话"琼林宴罢岁频更"。这里所说的"琼林宴"疑为"闻喜宴"，是为新科进士举行的宴会。这种宴会听起来很是"高大上"，一般人都认为有官府帮着"买单"，殊不知在相当长的一段时间里却是采用"AA制"。所以宋人高承在《事物纪原》中认为所谓"琼林宴"不过是"醵钱于曲江"而已。按照《礼记·礼器》的说法，"合钱饮酒为'醵'"。这种情况一直到后唐明宗李嗣源当皇帝时，才有所改变——据《旧五代史·唐书》记载，"新及第进士有闻喜宴，逐年赐钱四十万"。罗韬是不是自己掏钱凑份子聚餐今天已经不可考，但他确实是在后唐明宗李嗣源当皇帝之后考上的进士。

考中进士之后，他被任命为"端明殿学士"。这个职务始于后唐天成元年（公元 926 年），一般都是由具备翰林学士身份的人担任，掌进读书奏。在担任端明殿学士期间，罗韬向朝廷进《大学》，析解"平天下，宜以修身为本"，得到后唐明宗李亶的认可。然后又进献《九畴说》。为了防止宦官干预国事，除去朝廷的隐患，他还向明宗献《丹四箴》，力主"纳诲、防几、赏廉、革蠹"。

平心而论，这些其实都是端明殿学士应该干的，问题是不同的人有不同的看问题的角度。罗韬认为该干的，其他人却未必这样认为。尤其是他经常向皇帝进言，要防止宦官干政，自以为立身很正，但却无意中得罪了一个很有名的大宦官孟汉琼。后者与宫中的王德妃沆瀣一气，干了许多坏事。所以在间接接到宫中传出来的不利于自己的警报之后，罗韬作出了一个艰难的决定：辞官归隐。

对于罗韬此举许多人都感到不可理解，就连皇帝都觉得这位罗学士辞官归隐有些莫名其妙，但罗韬却不为所动。为什么好端端"南书房行走"不做，偏偏要远离权力中心呢？罗韬给出的答案是"琼林宴罢岁频更，往事昭昭亦可惊"——用比较直白的话说，就是有前车之鉴。这个前车之鉴不是别人，而是安重诲。

安重诲少事后唐明宗，明宗自邺都起事，安重诲谋划大计，佐命之功第一。明宗入立，为枢密使，长期掌握大权，内外怨恨他的人很多；王德妃和武德使孟汉琼渐渐握有势力，几次在明宗面前说他的坏话。安重诲心里担忧害怕，上表要求解除他的枢密机要任务，明宗对他说："朕和你之间没有隔阂。造谣诬陷你的人，朕已经把他们诛杀了，你还要干什么呢？"后来，安重诲又面奏明宗说："我出身贫寒卑贱，得到如此高位，现在被人诬告说我要谋反，假若不是陛下极度圣明，我就灭门无后了。由于我才能小责任重，恐怕终究不能压制住流言蜚语，请求陛下赐给我一个外镇使命以保全余生。"明宗没有答应他的请求，安重诲没完没了地反复请求，明宗发怒说："听凭你去吧，朕不愁没有人接替你。"后来安重诲及其二子均被杀。

连皇帝的"发小"，位极人臣的安重诲都抵抗不了宦官和女人的谗言诋毁，自己一个区区端明殿学士还敢存什么侥幸心理？！此时的罗韬估计除了想起安重诲之外，还有可能想起另外一位诗歌界前辈李白，后者也是因为得罪了宦官高力士和女人杨贵妃之后被迫离开权力中枢的。

第二节 帝王诏书，匡山书院的那些事

回到家乡之后，罗韬并没有停止对学问的钻研。因为他学问渊博，品行高洁，所以四方来求学的人越来越多，他们家的书房已经不能承受。当时的他，至少有两种选择，一种是将自己家的院子做大，搞个豪华版的家庭私塾——后汉时期的马融就是这么做的。据相关史料记载——马融"居宇器服，多存侈饰。常坐高堂，施绛纱帐，前授生徒，后列女乐"。还有一种是变私塾为公学，建设一所书院。经过一番思考之后，罗韬决定选择后者。

他的老家有一座山叫作匡山，这座山海拔 905.5 米，是一座有着悠久历史和许多故事与传说的名山。据相关史料记载，早在西晋永嘉年间，陕西华阴县有一个名叫王子瑶的道人，来到泰和义山，深爱其山势峻峭奇伟，入山修道。因为当时有很多白鹤栖于山中，王子瑶便把新建的道宫观命名为"白鹤观"，王子瑶仙逝后，当地老百姓为了纪念他把义山改为"王山"。唐贞观元年（公元 627 年），有一个名叫匡智的长安道士辞官归隐，至泰和县东南的王山，见山势峭拔，万木葱郁，于是决定隐居山中修道诵经。时人为了纪念匡智，又将"王山"改名为"匡山"。经过考察之后，罗韬便在匡山山顶一块"圈椅形"的平坦之地创立了一所书院，设"孔圣殿""五经阁"，正式开展教学工作。

说到这里，可能会有很多人好奇。作为一家"民办"的书院，在教材的选择上，会不会有什么不一样的思路。这的确是一个好问题。回答这个问题的时候，我想先讲一个故事，这个故事与一个名叫冯道的人有关。冯道这个人在中国历史上是一个很奇怪的混合体，他先后给十个皇帝效过力，以儒家"忠臣不事二主，好女不嫁二夫"的尺子测量，他是一个不折不扣的"不忠之臣"，但是，这个人对于老百姓真的很好，用著名历史学家黄仁宇先生的话说，冯道愿意"替一般人民请命"，苏东坡的老弟苏辙也曾经称赞冯道"在位十年，民以少安"。冯道这个人还有一个特点，就是没

有什么架子，所以经常有人埋汰他他也不生气。据相关史料记载，当时有一个名叫任赞的官员曾经背地里埋汰冯道说，"长乐老（冯道号'长乐老'）就是个不学无术的糟老头子，走得急了，准要从他身上掉下一本《兔园册》来"。这里所说的《兔园册》是当时私塾教授学童的课本，据说，乃是唐太宗的儿子蒋王李恽命僚佐杜嗣先仿效应试科目的策问编辑而成，因内容浮浅，常受士大夫轻视。冯道听了，也不生气，只是把任赞叫来对他说，《兔园册》出自大唐王子手下名儒，虽然文字浅显，但是其中所蕴含的道理却很深刻。

冯道的话并非没有一点道理。其实，中国古代启蒙教育历史源远流长，各种各样的启蒙读物不胜枚举，比如我们今天还耳熟能详的"三、百、千"——《三字经》《百家姓》《千字文》就都是启蒙读物。这些启蒙读物滋养了一代又一代中国人。

明末著名思想家、学问家顾炎武在《吕氏千字文序》中就曾经语重心长地指出：《千字文》"不独以文传，而又以其巧传"。纵观五代以前的启蒙读物，其作者有不少是我们今天仍然耳熟能详的名人，如司马相如、班固、蔡邕、顾恺之等，所以，那位工部侍郎任赞想用"走得急了，准要从他身上掉下一本《兔园册》"来讽刺冯道，实在是一个不该犯的错误。

那么，说了半天，匡山书院究竟采用的是什么教材呢？综合各种史料，我们发现，除了当时就有的《急就篇》和《千字文》等启蒙读物之外，罗韬还特别注重讲解儒家传统经典，提倡忠孝节义。他屡屡向听课诸生讲授诸葛亮的《出师表》，特别是其中的"亲贤臣，远小人"，更是被他经常挂在嘴边。他还对此前他曾经上书给皇帝的四句箴言"纳诲、防几、赏廉、革蠹"作详细阐发，并要求听讲的学生特别重视修身，对塑造当地淳厚民风发挥了重要作用。

罗韬兴办书院的事情很快传到了当朝皇帝李嗣源以及大宦官孟汉琼的耳朵里。孟汉琼听了不由得想起他的老前辈，唐代权倾一时的大宦官仇士良。后者曾经向其他宦官传授经验："天子不可令闲暇，暇必观书，见儒臣……"（《新唐书》卷二〇七《仇士良传》）。因而，孟汉琼认为罗韬在家乡的讲学行为很可能给包括他在内的宦官集团带来危险。于是，就拼命诋毁罗韬。殊不知，他这么做结果恰好适得其反。李嗣源原本并没有怎么重视罗韬的办学行为，孟汉琼不断进谗言之后，他反倒重视起来。让人了解一番情况之后，他作出了一个令当时的许多人都大吃一惊的决定——派人下一道诏书给罗韬。

由于这道诏书是密封的，再加上派去传诏的乃是孟汉琼手下之人，此人狐假虎威，放风说皇帝陛下对于罗韬在家乡开办书院非常不满，所以，特派他前来下诏书降罪，把匡山书院的师生都搞得人心惶惶，有人甚至劝罗韬远遁他乡。但是，罗韬却丝毫不为所动，该干什么还干什么。

且说那携带诏书前来的小宦官到了泰和县之后，一打开宣读就傻了，为什么？因为诏书上所说的根本不像他讲的那样。这道诏书是这么写的："朕惟三代盛时，教化每由于学校；六经散后，斯文尤托于士儒。故凡闾巷之声，实振国家之治体。前端明殿学士罗韬，积学渊源，莅官清谨，纳诲防几之鉴，允协朕心；赏廉革蠹之箴，顾存宸席。寻因养病，遂尔还乡。后学云从，馆起匡山之下；民风日益，俗成东鲁之区。朕既喜闻，可无嘉励，兹敕翰林学士赵凤大书'匡山书院'四字为匾额。俾从游之士乐有赡依，而风教之裨未必无小补焉！"

这段话翻译成现代汉语，大意是这样的：我听说，在三皇时代，教化工作均由学校进行，但是，遭遇乱世，文化的种子就寄托在读书人的身上了。所以，闾巷里的读书声，实在是振兴国家的根本。前任端明殿学士罗韬，学问渊博，为官清廉，曾经给我上书，讲述防微杜渐的道理，令我非常感动，他所提出的谏言，现在仍然保留着。后来，他因为身体的原因，辞官回家。在家乡，他热心办学，在匡山脚下开办书院，使得当地民风和谐，竟然好比孔子当年在鲁国那样。我听了之后，非常高兴，于是，特命翰林学士赵凤书写"匡山书院"匾额，使得那些跟随罗韬学习的人乐有赡依，对于成风化人也有一番裨益。

据相关专家考证,"匡山书院"是中国历史上第一所皇帝下诏书肯定,并且亲自命人题写校名的民间书院,而李嗣源也因之而成为中国历史上第一个为"社会力量办学"的民间书院不遗余力"点赞"的皇帝。令人匪夷所思的是,这位为"社会力量办学"的民间书院不遗余力"点赞"的皇帝本人却斗大的字认识不了几个,这位几乎是文盲的皇帝为什么会如此重视书院呢?

我想这其中的原因至少可能有以下几个:

一个是拨乱反正的需要。后唐初年,由于庄宗皇帝李存勖喜欢听戏,而且还经常粉墨登场,是一个"超级票友",社会风气非常不好。李存勖所喜欢的戏子中虽然也有敬新磨这样的正直之士,但更多的则是狐假虎威之徒。李存勖还用戏子做耳目,充当特务,让他们借"全国巡回演出"之际,去刺探群臣的言行。当官职有了空缺的时候,他常常置身经百战的将士于不顾,封身无寸功的戏子当刺史。戏子中为害最深的就是景进。李存勖想知道宫外之事就问景进,景进由此大进谗言,干预朝政,文武大臣对他都很畏惧。同时,戏子又与贪官污吏相互勾结,鱼肉百姓,搜刮民财,使朝廷日益腐败。他们还陷害忠臣良将,将领们常常受到伶人宦官的监视、侮辱;一个人要进入后唐的朝廷必须经戏子点头,他们只认金银,不认诗书,由此,读书人也断了进身之路。同时,李存勖又经常派戏子、宦官强抢民女入宫,有一次,竟抢了驻守魏州将士们的妻女一千多人,搞得众叛亲离,怨声四起。对于这段历史,李嗣源是心知肚明的,他继位之后立刻铲除戏子。为了彻底肃清李存勖"三俗"的流毒,李嗣源有必要树立一种新的"严谨"的价值取向。

二是培养下一代的需要。李嗣源不喜欢华而不实的所谓"文化"之类的玩意。据相关史料记载,他的儿子李从荣喜欢作诗,经常聚集浮华放荡的文士高辇等人在幕府中,同他们相与唱和,很是标榜自夸。每次设宴摆酒,往往让僚属们吟赋诗篇,有作得不如意的,常常当面撕毁丢弃。当李从荣入朝谒见时,李嗣源就明确地对他说:"我虽然不识文字,然而喜欢听儒生讲说经文大义，可以开发人的智识和思考。我见庄宗皇帝喜好作诗，武将家的儿子文墨不是素所研习，只是白白让人背地笑话，你不要效法那个。"表彰"匡山书院"，肯定也有引领儿子正确的价值导向的意思在里面。

三是治国理政的需要。明宗皇帝李嗣源执政期间，有奸佞之人曾经编造所谓的"祥瑞"进献给朝廷，大理少卿康澄上书启奏，提出了著名的五个"不足惧"和六个"深可畏"："为臣听说，童谣不是祸福的根据，妖祥岂能当作兴变的本源！所以，商代出现飞雉落于鼎耳而鸣、桑谷共生于朝的异象，不能中止殷王宗庙之盛；晋朝发生神马长嘶、水涌石龟的祥瑞，不能延缓晋国传位之长。由此悟出国家有不足惧的事情五件，有深可畏的事情六条：阴阳不协调不足惧，三星运行失常不足惧，小人传播讹言不足惧，山崩河涸不足惧，害虫伤害禾稼不足惧；贤人藏匿不出深可畏，四民迁业不安深可畏，上下通同作弊深可畏，廉耻之道消亡深可畏，诋毁赞誉混淆真伪深可畏，正直言论听不到深可畏。不足惧的事情愿陛下任其存在而不必多去计较；深可畏的事情愿陛下修治而不要差失。"明宗用嘉许的诏书奖励他。为了彰显自己对经典文化的重视，李嗣源曾经在后唐长兴三年，也就是公元932年的11月，以唐宣宗、懿宗、僖宗、昭宗四朝实录尚未纂修，于各地购募典籍。但北方因连年战火，图书灭绝，久征而未贡献，遂征书于江南，下诏于两浙、福建、湖广采访四朝野史及逐朝日历、银台事宜、内外制词、百司沿革簿籍，不限卷数，据原本抄录上进。以江南安定，富于典藏之故。为匡山书院题词和征集经典图书都是想向世人表明，咱老李是有学问的！

在中国古代，许多皇帝都与书院结下了不解之缘，他们或者赏赐物质的东西如图书、学田、经费等给相关书院，或者赏赐精神方面的东西如下诏书表彰相关书院。在官本位的古代，皇帝的赏赐往往具有相当大的"溢出效应"（Spillover Effect），在一次次赏赐褒奖之后，相关书院不仅获得书、田等有形之物，办学条件也得到改善，而且其知名度、影响力等无形资产也会因为"老大"的重视而迅速提升。从这个意义上说，李嗣源的这道诏书和那块牌匾都具有非同一般的意义。他实际上为后世的统治者们做了一个榜样。俗话说，榜样的力量是无穷的。后来的许多皇帝不管是否认同李嗣源，但却都认同他的这一做法，并且将其发扬光大。湖南岳麓书院就先后七次获得皇帝的御赐。

第三节　匡山文化，千年传承

自从公元 932 年创立，直到公元 969 年罗韬去世，三十多年的时间里，匡山书院在当地一直长盛不衰。其后，匡山书院曾经一度毁于战火，先后经过四次大规模重新修复，第一次是在北宋重和元年（公元 1118 年），由罗韬的孙子罗宏主持重修；第二次重修在元代，泰和人康震在担任湖广庆阳州书院山长退休后回到泰和县，重建院舍，并任书院院长，讲学其中；第三次重修在大明永乐年间，由罗韬的后代罗汝止、罗养吾重修，以教乡人子弟；第四次重修在大明万历三十四年（公元 1606 年），由罗韬的后代罗讲重修，并请一个名叫曾皋的学者撰写了一篇《匡山书院记》。

数百年间一直长盛不衰的匡山书院给当地留下了什么呢？我想这可能是许多喜欢思考的朋友都感兴趣的问题。

据我本人的观察，并综合现在已经发现的史料，我认为，罗韬与匡山书院一起，至少给当地留下了以下宝贵的精神遗产：

一是淡泊名利、坚守正义的情怀。地球人都知道，中国的文人，大多数都会写诗——当然，有能够流传与不能够流传之分。罗韬也不例外。据《庐陵诗存》和《泰和诗征》记载，他在五代时期是有名的诗人。《庐陵诗存》卷一只收录了罗韬写的《赠乐纠》诗中的两句残诗："征书不浼平生志，祗为青山别有春"——这两句诗虽然属于"信息残缺"，但却透露出一个很重要的信息，那就是，罗韬本人是非常淡泊名利的。我们在前面曾经提到的他在担任端明殿学士，并且深得皇帝欣赏的情况下能够辞官归隐，足证他绝不像那些"翩翩一只云间鹤，飞来飞去宰相家"的所谓的"隐士"

那样，是言语上的巨人，行动上的矮子。

榜样的力量是无穷的，俗话说"桃李不言下自成蹊"，在罗韬与匡山书院的感召下，泰和县境内出了不少淡泊名利、坚守正义的读书人，曾鹤龄就是其中的一位。曾鹤龄字延年，一字延之，号松塆、一号塆叟，是江西泰和县澄江镇西门村状元坊曾家人，自幼聪敏异常，小时候在家中接受启蒙教育时，便不用大人督责，自觉刻苦钻研。在泰和县至今还流传着他淡泊名利，三次为了尽孝悌之道而放弃科举考试的感人故事。据相关史料记载，曾鹤龄与其兄曾椿龄一起主攻《尚书》，二十岁出头时，与曾椿龄一起参加大明永乐三年（公元 1405 年）的乡试，兄弟同科考中举人。第二年他本打算趁热打铁，同兄长一道进京参加会试，但考虑到父母年迈，身体欠佳，放心不下，而哥哥曾椿龄年纪较大，机会不多了，于是便主动留下来侍候父母，放弃赴京参考的机会。

本来曾鹤龄打算参加下一届科考，不料原本好端端的哥哥曾椿龄突然得病不起，英年早逝。为了赡养父母，供养兄长的遗孀、幼子，曾鹤龄第二次放弃应试的机会。好不容易将哥哥留下的遗孤抚养成人，曾鹤龄准备进京应试，又赶上父亲去世，按照当时的公序良俗，他第三次放弃进京赶考，在家踏踏实实地为老爸守孝三年。就这样，直到已经接近不惑之年的时候，他才辞别老母，赴京参加进士考试，而这已经是十六年以后的事了。也许是命运之神自己也觉得，三次让其放弃科举考试对于曾鹤龄有点太不公平了，于是，他老人家选定此次进士考试的主考官是大名鼎鼎的杨士奇。杨士奇看了曾鹤龄的卷子后十分高兴，将其取在前列。而后曾鹤龄通过殿试而大魁天下，成为泰和县三个状元中的一个。

二是为政清廉、为人耿介的品格。 现存的罗韬《赠逸翁陈先生都干西昌律》一诗中有这样的话："忠言直许能扶国，循吏仍知不近名。西昌今朝人尽喜，廉泉先已为君清。"诗虽是写给这位逸翁陈先生的，但确实也是罗韬的自我期许。

正是在罗韬与匡山书院遗风的影响下，泰和县出了一位为政清廉、为人耿介的尚书公。此人姓王名直，字行俭，号抑庵，乃是泰和县澄江镇西门村人，是明代著名政治家、学者。王直历仕四朝，不仅在"土木之变"时，位居群臣之首，稳定政局，并同意于谦坚守北京主张，为北京保卫战的胜利做出了重要贡献，而且为政清廉，为人耿介。

相关史料记载了这样两个故事：一个与杨士奇有关，确切地说，是与杨士奇的儿子杨稷有关。明人李贤的《古穰杂录》和焦竑的《玉堂丛语》等记载，杨稷其人自以为是当朝宰相之子，虽然没有出来当官，但是却在家乡横行不法："士奇晚年溺爱其子，莫知其恶，最为败德事。"可怕的是，"若藩臬郡邑，或出巡者，见其暴横，以实来告，士奇反疑之"——别人告诉他他儿子不干好事，杨士奇却不相信，甚至怀疑是那些告诉他真相的人另有所图。杨稷见父亲并无责备之意，更加肆无忌惮，倚势作恶，愈演愈烈，把个四乡八邻闹得沸沸扬扬。

王直风闻此事以后，建议杨士奇以回乡扫墓为名，借机了解实情，杨士奇这才决定亲往家乡探查。要说这位杨稷杨大公子，那可真是"演技派"的明星，其表演才能一点也不比历史上另一位姓杨的名人杨广差。且说他听说老爸要回乡，立刻召集手下如此这般地做了精心部署——他在每个驿站内都安排亲信为自己"唱赞歌"，又亲自大老远跑到百里之外去迎接父亲。父子相见，杨士奇看到儿子"毡帽油靴，朴讷循理"，一副农民装束，衣着朴素，忠厚老实，极明事理，全不像传闻中的恶煞形象；而且满耳听到的都是别人夸他如何贤明如何友爱的话，心里非常满意。到了儿子家里，见是一片萧条，没有奢华陈设，杨士奇就更放心了。叙谈之中，杨稷谎称自己是为了乡里乡亲讨公道，阻止地方官吏的横行不法，才得罪了他们，遭到诬陷；又说还有人是出于忌恨父亲功名太盛，权势太大，便借故诽谤自己来损害父亲的名声。杨士奇听了竟信以为真，还以为儿子受了天大的冤屈，由此，竟然对王直心生不满，处处对他进行打压。

但是，王直并不感到后悔。据相关史料记载，遭到杨士奇打压后王直回到家乡，随家里的佃户仆人耕作栽种，打鼓唱歌。他的儿孙子弟为他举杯祝寿，王直叹息说："以前西杨（杨士奇）压制我，使我不能和他共事。但是假使我在内阁，现在的皇上（明英宗）复辟，我应当避免不了被贬谪辽阳的远行，怎么能和你们一起高兴呢！"

如果说，建议杨士奇回家省亲就便了解其子的"事迹"以便惩治杨稷还只是涉及别人的儿子的话，那么，在对待自己的儿子的前途和命运的问题上，王直仍然刚正不阿。据说他担任吏部尚书时，曾经有人向他举荐南京国子博士王积，说此人才高八斗，学富五车，可堪重用。王直听了意味深长地说："这样的话扰乱法纪就从我开始了"——原来，这位王积不是别人，正是王直的亲生儿子。就这样，在王直担任主管人事的吏部尚书期间，他的儿子一直待在南京，没有得到任何升迁的机会。王直之所以对内对外都能够清正廉洁，除了其自身的修养之外，我想追本溯源，肯定也不排除受到了包括罗韬与匡山书院在内的泰和风气的熏陶。

三是尊师重教，学有所成的追求。 明代的曾皋在《匡山书院记》中写道："匡山之有书院也，肇自后唐长兴间。是时天下未有兴学之议，士大夫无讲于学者，洞晦罗先生崛起匡山，慨然以圣人之学为己任。朋来自远，书院筑焉。""西昌文运甚堪夸，三状四榜五探花。二会七解四宰相，九尚十侍佐皇家。四百进士登皇榜，千余举子顶乌纱。布按科道难记数，贡监犹如斗量沙。"这首民间广为流传的歌谣，反映了作为庐陵文化发源地的泰和乃人文荟萃之邦，文章节义之地，至宋明两代更是人才辈出，出现了一门三进士（宋曾安止、曾安中、曾安强三兄弟，明罗钦顺、罗钦忠、罗钦德三兄弟），叔侄并传胪［明成化十四年（公元1478年）叔曾彦状元及第，侄曾追探花及第］，隔河四宰相（杨士奇、陈循、萧镃、尹直均为内阁大臣），兄弟俱尚书（明欧阳德为礼部尚书，欧阳铎为吏部左侍郎赠工部尚书）的盛况，父子进士、祖孙科甲则更多。螺溪镇爵誉村周氏和马市镇蜀江村欧阳氏分别产生进士二十三人和二十一人，为远近闻名的进士村。泰和县一直有尊师重教、崇尚文化的优良传统。抗日战争期间，先有国立浙江大学，后有江西省农业院、省立体育师范、江西民国日报社、大众日报社、省图书馆等文教机构随当时的江西省政府迁至泰和，又有国立中正大学等院校在泰和成立，对泰和文化教育的重振起了巨大的推动作用。中华人民共和国成立后，特别是改革开放以后，泰和县的文化教育取得了长足的进步。全县各个行政村，村村有博士，平均五百人中就有一个博士。罗韬的故乡也因此而被誉为"博士之乡"。

匡山书院为庐陵文化提供了重要滋养。在包括但不限于匡山书院等文化教育机构和相关先贤们的滋养下，庐陵人才辈出：独树一帜的宋代大诗人杨万里的诗歌至今还在少儿口中传诵；第一个提出杀秦桧谢天下的胡铨，其硬骨头精神令世代人倾倒。一批批的庐陵先贤，为中华民族文明的发展，做出了杰出的贡献。

马丁·路德·金说：「我有一个梦想！」对于中国古代大部分生活在京师和省城以外的贫寒学子来说，他们也有一个梦想，这个梦想就是有朝一日能够有机会进入当地官府主办的学校读书。宋代以前，这就是个梦！但是，有一个人，却凭借着自己的影响力，将这个梦变成了现实。正是因为有了这个人，中国古代的书院开始实现了从「两级办」向「三级办」的跨越，优秀传统文化得以得到更广泛的传承。

请看——

第三章

推动官办教育由"两级办"向"三级办"转变

——"才本王佐，学为帝师"的范仲淹与北宋书院书院是中国古代重要的文化教育机构，同时具备教育教学、文化传承、图书出版、先贤祭祀、学田管理等职能。书院最早出现于唐朝，迄今已经有一千多年的历史了。在书院发展的过程中，先后有许多知名人物与书院结下过不解之缘。本章，我们就来说说范仲淹与书院的那些事。

第一节　朱说"卧底"应天书院

　　公元 1011 年是宋真宗大中祥符四年，这一年发生了几件大事：4 月，曾经在北宋帝国三次为相的许国公吕蒙正去世；与北宋并立的契丹辽国晋王耶律隆运，即韩德让也撒手人寰；而遥远的东瀛倭国，日本第六十六代天皇一条也在这一年一命归西。因此，有人说，这一年对于帝王将相来说，实在不是一个好年份。

　　有死就有生，这一年，北宋理学家邵雍出生；这一年，有一个名叫朱说的年轻人来到了坐落在应天的应天书院。

　　应天原本叫商丘，因为宋太祖赵匡胤在后周时曾任归德节度使，治所在商丘，当时称为宋州，称帝后赵匡胤就升宋州为应天府。

　　也许有的朋友说了，您本节讲的不是范仲淹吗，提朱说干什么？列位看官，少安毋躁，本人一点也没有跑题，因为朱说就是范仲淹。什么？开什么玩笑？朱说怎么可能是范仲淹呢？难道说那个时候就有谍战剧，范仲淹是化名朱说前往应天府潜伏"卧底"吗？

当然不是，范仲淹之所以叫作朱说，这一点与谍战无关，但却与范仲淹的早年经历有很大的关系。说得直白一点，范仲淹之所以叫朱说，纯粹是被迫的。

范仲淹的早年，那可不是一般的不幸。《宋史》说他"二岁而孤"，实际上不到两岁时他就成了孤儿：我们都知道，范仲淹生于公元989年农历八月二十九日，转过年来的第二年正月初七，他的生身父亲范墉就因病撒手人寰。范墉生前非常廉洁，家无余财，而且还是二婚。在与范仲淹的生身母亲结婚之前，范墉还娶过一个妻子陈氏。陈氏去世之后范墉才与范仲淹的生母谢氏结婚。当时的情况是，除了撇下现任妻子谢氏与范仲淹这一对孤儿寡母之外，范墉还留下了前妻陈氏夫人的灵柩有待安置。没有办法，谢氏只好抱着当时还不到两岁的范仲淹以及丈夫和陈氏夫人的灵柩回到范墉的老家。谁料想，老家的人却只承认陈氏，而将范仲淹母子拒之门外，这真应了那句老话，叫作"屋漏偏遇连阴雨，船破又遭顶头风"。

为了将年幼的范仲淹抚养成人，母亲谢氏在为范墉守孝三年以后，带着范仲淹改嫁给一个名叫朱文翰的人。朱说，也就是范仲淹十几岁的时候，朱家曾经想让他去当学徒，倘若这个想法得以实现的话，估计也就不会有后来名传千古的《岳阳楼记》和千古楷模范仲淹了。当然，历史是不能够假设的，干了一个来月，因为看不惯商人们的虚伪和奸诈，朱说便回家请求母亲允许他继续读书求学。继父朱文瀚得知后，非但没有责怪他，反而夸奖他，并积极支持他继续读书。

为什么说是"继续读书"呢？因为此前，年幼的朱说曾经先后跟着两个人读过书，这两个人一个名叫司马道人，一个名叫崔遵度，前者乃是一个道士，后者则是一个儒生。也许是儒、释、道一个也不能少的缘故吧，此次外出求学，朱说选择了释家，拜一位来自京城的高僧宝志为师，读书的地点，则是在宝志和尚所居住的长白山醴泉寺。这里所说的长白山并非坐落于吉林，而是坐落于山东邹平、章丘、周村交界处，因山巅常有白云缭绕而得名。该山山势峻拔，重峦叠嶂，绵延数十公里，向有"泰山副岳"

之称。最高峰摩诃顶，海拔 826.8 米。山东长白山虽然不如吉林的长白山出名，但在历史上也留下了一笔记载。隋末王薄就曾在此起义，声势浩大。在"泰山副岳"读了一段书之后，朱说决定离家远行，前往应天府，就读于应天府书院，时在大中祥符四年，也就是公元 1011 年。

说到这里，有一个问题困惑了我很久：当时已经二十二岁的朱说（生于公元 989 年）为什么要从遥远的山东前往河南商丘呢？如果仅仅说是为了启蒙，肯定不是。我们前面已经讲过，此前他已经先后拜过三个方面的杰出人士为师，并且已经考中了"学究"——后者在今天乃是对读书人的通称，但在范仲淹所生活的那个时代却是一种有一定社会地位的学术头衔。据《谷山笔尘》记载，宋代改革科举制度，应进士考试经义论策，取中的分为五等：第一等和第二等"赐进士及第"，次之应"赐进士出身"，再次"赐同进士出身"，最后一等"赐同学究出身"。我想，范仲淹之所以有了一定的学术地位后仍然想要前往外地求学，原因可能与古人经常说的几句话有关。这几句话是"读万卷书""行万里路""交八方友"。

我们不妨先来看看"读万卷书"。北宋时期，图书出版不是很发达，一般家庭或私塾藏书都很少，即使是朝廷，在建隆（公元 960 年——963 年）年间藏书也不过一万两千卷，再加上统治者鼓励老百姓向朝廷献书，所以，民间藏书更少。相比于一般家庭或私塾，书院往往能够获得朝廷赏赐的图书。所以，真的想要"读万卷书"的话，除了进入皇宫之外，就只能前往一所书院。至于这所书院为什么是应天书院，这个问题就好比问今天的高中生考大学为什么选择北大、清华一样，因为，当时的应天书院的地位就相当于今天的北大、清华。

说完了"读万卷书"，我们再来看看"行万里路"。邹平到商丘虽然不到万里，但也接近一千华里，一路走来，能够了解到许多书本上没有的东西，就像前一阶段网络上流传的那个著名辞职报告所说的那样，"世界那么大，我想去看看"。

最后，我们再来看看"交八方友"。在山东老家，所能结交的朋友肯定不如在应天书院多，基于包括但不限于上述理由，当时已经二十二岁的朱说义无反顾地来到了河南，进入了宋真宗正式赐名的"应天书院"。

到了应天府书院之后的朱说也就是范仲淹有哪些特立独行的表现呢？

如果有人撰写回忆录回忆朱说当年在应天府书院读书时的往事的话，估计至少会提到以下两件事：一是刻苦读书，二是不慕权贵。

首先我们先来看看刻苦读书。据南宋著名理学家朱熹编著的《宋明臣言行录》卷七十五记载，进入书院之后朱说"五年未尝解衣就寝。或夜昏怠，辄以水沃面。往往饘粥不充，日昃始食，遂大通六经之旨，慨然有志于天下。常自诵曰：'士当先天下之忧而忧，后天下之乐而乐。'同舍生或馈珍膳，皆拒不受"。

这段话翻译成现代汉语大意是这样的："在读书的五年时间里，朱说从来没有脱过衣服休息过。夜里如果困极了，就用冷水浇面，常常连粥都吃不上，很晚的时候才能够吃上饭，于是领悟了六经的主旨，并且立下了造福于天下的远大志向。他常常自我激励说：'士当先天下之忧而忧，后天下之乐而乐。'同寝室的同学有人赠送好吃的给他，都被他拒绝了。"

这段话至少给予我们以下几点启示，一是朱说，也就是范仲淹同学的身体真好。要说能吃苦，朱说并非第一人，大家都熟悉的颜回同样也很能吃苦，《论语》中就记载他"一箪食，一瓢饮，在陋巷，人不堪其忧，回也不改其乐"。但是，颜回因此也很短寿。由于生活艰苦，他只活了四十岁。而朱说一连五年夜以继日地苦读，而且常常连粥都吃不上，却能够坚持下来，并且活了六十多岁。我们不得不佩服朱说，也就是范仲淹同学有一副好身体。我们都知道，一个人想要成功，有很多先决条件，有一个好身体乃是其中一个很重要的因素。诸葛亮和郭荣（也就是柴荣）是许多人都很敬佩的两个历史人物。前者是三国时代蜀汉帝国的丞相，后者则是五代时期后周的第二任皇帝。二者有一个共同的特点，都是心比天高，命比纸薄！我们不妨设想一下，倘若不是身体不好的话，诸葛亮说不定就有可能完成"兴复汉室"、统一中国的伟大事业，至少不会给司马氏父子太多的机会，而柴荣，也就是周世宗如果再多活十年的话，不仅幽云十六州可以收回，而且也不会有赵匡胤兄弟什么事。

这段话给我们的另外一点启示是，朱说，也就是范仲淹同学能够做到防微杜渐，绝不放纵自己。据相关史料记载，朱说，也就是范仲淹同学之所以拒绝同学的好意馈赠，是有其独到的考量的。用他自己的话说，就是"非不感厚意，盖食粥安已久，今遽享盛馔，后日岂能复啖此粥乎！"这段话，翻译成现代汉语大意是说，我不是不感谢您的厚意，只是因为我吃粥已经很久了，现在突然享受到这样的盛宴，我担心日后再吃粥可能会不适应。据说明太祖朱元璋没有当皇帝之前曾经在穷困之际喝过别人送给他的白菜汤。当上皇帝之后再喝类似的汤却怎么也喝不出当年的那个味道。他自己很是不解。其实，之所以会出现这样的情况，很重要的一个原因可能就是当上皇帝之后，整天吃的都是山珍海味，以往视为美味的白菜汤肯定再也不能引发他的食欲了。正是基于这一点，古人才有所谓"由俭入奢易，由奢入俭难"的说法。

朱说在应天府书院读书期间，还留下了"独不见皇帝"的故事。故事说的是大中祥符六年（公元1013年），宋真宗赵恒率领百官到亳州（今安徽省亳州市），朝拜太清宫。商丘到亳州仅一百六十多里地，同学们都抓住这一难得机遇，纷纷前往瞻仰皇上真容，只有范仲淹不为所动。有人问他为何如此淡定，他回答说："要见也得上金銮殿见皇帝。"

这话是什么意思呢？要回答这个问题，就不能不涉及中国古代科举制度。科举一般包括三级，分别是"乡试""会试"与"殿试"，其中，"乡试"一般在各省省城举行，凡本省生员与监生、荫生、官生、贡生，经科考、岁科、录遗合格者，均可应试。中试称为"举人"，第一名称"解元"，中试的"举人"原则上即获得了选官的资格；"会试"则是中央一级的考试。应考者为各省的举人及国子监监生，被录取者称为"贡士"，第一名称为"会元"；而"殿试"则是科举考试中的最高一级，宋代始为常制。明清殿试后分为三甲：一甲前三名赐进士及第，通称状元、榜眼、探花；二甲赐进士出身，第一名通称传胪;三甲赐同进士出身。

讲明白上述三种考试,特别是最后一种考试,我们就能够明白朱说,也就是范仲淹同学的宏大志向了:他的志向就是一路斩将夺关,连过"乡试""会试",直达"殿试",到金銮殿上参加由皇帝亲自主持的考试。这可不是随便说说,过过干瘾的。大中祥符八年(公元1015年),朱说,也就是范仲淹,参加三年一度的科举考试,一路斩将夺关,在皇宫中见到了当时的最高统治者宋真宗,被皇帝钦点举进士礼部第一名,出任广德军司理参军。

"独不见皇帝"给予我们很多启示:一是让人看到了什么叫作"风骨",这让笔者不由得想到"坦腹东床"的故事。这个故事说的是,东晋时太傅郗鉴在京口的时候,派遣使者给王导带信,想在名门望族的王氏子弟中找个女婿。王导对郗鉴的使者说:"你到东厢房去随意挑选。"使者看了一番回去以后,对郗鉴报告说:"王家的儿郎们都不错,听到您要挑选女婿,个个都很矜持,只有一个在东面的在床上露着肚皮躺着,好像啥也没听到。"郗鉴说:"那就是这个了。"询问之下,方知这个人就是王羲之,于是他就把自己的大女儿郗璇嫁给了王羲之。这个故事中王羲之能够不为高官所屈服,已经很不容易了,但朱说,也就是范仲淹比他们更难得,他居然不主动地去攀龙附凤,不去见最高统治者皇帝,这种精神确实让人敬佩。

"独不见皇帝"给我们的另外一点启示是,应天府书院居然不强迫本院学生前去迎接"领导",而且是一号"领导"。要知道,以往有些地方的某些小乡长、小科长下基层,有些学校也是常常组织本校学生毕恭毕敬出迎的,哪怕天公不作美,下雨、刮风,下大雪,孩子们小脸冻得通红,也不准请假。一千多年前万恶的旧社会,腐朽没落的地主老财们所办的学校竟然允许朱说,也就是范仲淹这样的奇葩,享有不去见皇帝的自由,实在令我百思不得其解!这样的书院实在令人神往!可以说,只有这样的书院才能够培育出范仲淹这样的伟人。

第二节　千古误区：花洲书院与《岳阳楼记》

宋仁宗庆历六年，也就是公元 1046 年是一个平年。这一年的第一天从星期二开始。这一年，北宋帝国以外的地方，有两个人宣布即位成为本国的最高统治者。一个是北宋的邻国，高丽，文宗王徽登基；一个是遥远的西方，法国国王亨利三世加冕为皇帝。北宋帝国则没有什么军国大事。就在这一年，已经由朱说正式更名为范仲淹的这位北宋大才子，在一个地方写下了一篇千古传诵的文章。这篇文章就是赫赫有名的《岳阳楼记》，而那个地方是一所书院，正式的名称叫作"花洲书院"。花洲书院，位于今天的河南省邓州市东南隅，范仲淹为什么要在邓州花洲书院写《岳阳楼记》？为什么能够在邓州花洲书院写下《岳阳楼记》？这是两个很有意思的问题。

我们不妨先来看看第一个问题。这个问题说得直白一点就是，范仲淹为什么不去岳阳楼考察一番，然后再写《岳阳楼记》呢？这的确是一个不得不说的问题。我们知道，好的文章不是仅靠闭门造车就能够完成的，像大家都很熟悉的《醉翁亭记》就是欧阳修做滁州太守时，屡次前往游览，有感而发的产物。范仲淹为什么不能够也像欧阳修老先生那样实地前往岳阳楼考察一番，然后再写呢？我的回答是，还真不行。

因为范仲淹当时正在邓州当官，而岳阳楼却远在湖南，二者根本不在一个地方。也许有的朋友会说，这还不好办，找个机会，搞个公款出差考察什么的，或者打枪的不要，悄悄地前往，不就行了？！我的回答仍然是，还真不行！因为在范仲淹所生活的那个时代及其以前的时代，官员是不能够随便出访异地的。

不妨讲几个这方面的小故事。据《后汉书》记载，东汉末年，有个官员叫作赵咨，此人字文楚，是东郡燕地（今河南延津）人。他少有孝行，袭父职为博士，因为多病免职回家，亲自率领子孙种田养家糊口。曾经有盗贼夜晚到赵咨家抢劫。因为害怕惊吓到母亲，赵咨先到门口迎接强盗，接着命人给他们准备饭食并向他们道歉说："我的老母亲已年届八十，生病需要休养，家中贫困，没有隔夜之粮，别的东西你们都可以拿走，但请求稍微留下点衣服和粮食以便奉养老母。"强盗听了都非常惭愧，跪下告辞说："我们太无理了，真不该侵扰这样的孝子贤良。"说完什么都没拿就都跑出门去了。赵咨追出去送给他们东西，但没有赶上。

赵咨此举，不由得让人想到了李涉。据相关史料记载，李涉乃唐代著名诗人，他曾经在出游时遇到强盗，凭借才名救了自己，并应强盗请求，赋诗一首给对方："春雨潇潇江上村，绿林豪客夜知闻。他时不用相回避，世上如今半是君。"

且说那赵咨因为以情感人、智退强盗而更加出名，成了当时许多人心目中的偶像。据《后汉书·赵咨传》记载，有一次，他去山东临沂上任，途经河南荥阳，当时的荥阳县令叫曹嵩，此人曾经在赵咨手下工作过，听说赵咨来了，立刻到路旁迎接，赵咨却不停留。曹嵩送他到长亭，望着车辆过后的尘土没有赶上，就对自己的助手主簿说："赵君名声很大，现在经过我的县界我却没有能够拜见他，一定会被天下人耻笑！"于是丢掉印绶，一直追到东海，拜见赵咨后，立马辞职回家。

故事里的曹嵩名气不大，不过他有个名气很大的儿子叫曹操。换句话说，曹嵩就是曹操的爸爸。曹操的爸爸为什么见完老长官以后要辞职回家呢？难道那时候的公务员追个星就得把饭碗砸了吗？

当然不是。在汉朝，地方官员可以追星，但是不能擅离职守，否则就是严重违规，自己不辞职，朝廷也会撤他的职。据相关史料记载，三国时代，东吴孙权在位的时候，吴国有个姓孟的县长，自己的母亲去世，他没有跟朝廷请假，就回老家给母亲办丧事，孙权得知后大怒，要砍他的头，幸亏大臣陆逊在旁边求情，那个姓孟的县长才得免一死。三国以后，几乎每个朝代都禁止地方官随意离开辖区。宋朝的大文豪苏东坡去杭州当太守，途经江苏。江苏徐州有个名叫陈师道的人，此人虽系名门之后，但一直抑郁不得志，所谓"半生忧患里，一梦有无中"就是他的真实写照。他的最大特点就是疾恶如仇，爱恨分明。对于自己所痛恨的人，宁可冻出病来，也绝不穿他送的衣服，而对于自己所热爱的人，则不管多远都要跑去见上一面。且说那陈师道听说苏东坡路过南京，立刻不计后果地跑到南京去见老苏，结果被别人知道了，向他的上司告了一状，最后不但他本人被撤职，还连带苏东坡也受了牵连，吃了挂落。上面这些故事形象地回答了第一个问题：原来，在中国古代，特别是宋代，任何一个官员，只要你不想被弹劾，那你最好不要擅离职守。

至于第二个问题，这就涉及特定的地点与文学创作之间的关系了。诸葛亮在写给儿子的书信中曾经语重心长地告诫儿子"学须静也"，其实，岂止是"学须静也"，创作也同样需要一个相对安静的环境。古代文人写作常常要寻找一个相对僻静的地方，庙宇、道观、书院往往就成了很重要的选项。

不妨看几个这方面的例子：

《爱莲说》是北宋理学家周敦颐创作的一篇散文。这篇文章通过对莲的形象和品质的描写，歌颂了莲花坚贞的品格，从而也表现了作者洁身自爱的高洁人格和洒脱的胸襟。据相关史料记载，周敦颐幼年丧父，住在舅父家，因与住地附近的鹤林寺寺僧寿涯友善，便借居寺内读书，且"每以师事之"，所以学业大进。他在寺内读书时凿有一方小池植莲，名曰爱莲池。正是在清静的鹤林寺内爱莲池旁，周敦颐写下了千古名篇《爱莲说》。

萧统是梁武帝长子，曾被立为皇太子，未及即位就夭折了，死时年仅三十一岁，谥"昭明"，故被称为"昭明太子"。据相关史料记载，萧统自幼聪慧，信佛能文。他曾游学南朝各地，最后定居镇江京口南郊招隐山，筑读书台，把宫女等尽迁回建康（也就是今天的南京），只留下八个太监伺候。臣僚疏谏反对，他答道："何必丝与竹，山水有清音。"正是在这山水清幽之地，萧统亲自主持编纂了我国现存的最早的一部诗文总集《昭明文选》。萧统定居的南郊招隐寺，原为南朝刘宋时艺术家戴颙的隐居之所，招隐山、招隐寺均因此而得名。现在招隐山入山途中，有石坊一座，石柱上刻有一副对联："读书人去留萧寺，招隐山空忆戴公。"这副对联就是纪念这两位古代名人的。

除了萧统和戴颙这两位历史文化名人之外，镇江南山还滋养了宋代著名艺术家米芾。许多人都知道米芾是著名书法家，是所谓的"苏黄米蔡"四大家之一，但却并不知道他还是著名的山水画家。正是镇江南山的独特情景，才成就了作为画家的米芾。

邓州花洲书院从某种意义上说，就相当于周敦颐的鹤林寺、萧统的招隐寺或者米芾的南山，不仅是一个让人能够忘掉尘世烦恼的清幽之地，更是范仲淹饮酒览胜、讲学会友之所。一方面，书院本身的"气质"承载着范仲淹对文化的坚守和追求；另一方面，"谈笑皆鸿儒"的惬意又能很大程度地缓解范仲淹在政治上的失意。只有这样一个有着特殊意义的场所，才能让范仲淹挥笔写下千古传诵的名篇《岳阳楼记》。

说完了这个问题，其实还有一个问题，那就是不在现场，能够写出好文章吗？这的确是一个好问题。这里我想说的是，不在现场不等于没有到过现场。范仲淹虽然在写《岳阳楼记》时没有到过滕子京重修的岳阳楼，但是他其实是到过洞庭湖的。

据相关史料记载，宋至道三年（公元 997 年），范仲淹的母亲谢观音曾经将年方四岁的范仲淹，送到洞庭湖畔的太平兴国观，拜德高望重的司马道人为师开蒙读书。其后，他又先后于公元 1033 年、1034 年两次在诗歌中提到洞庭湖和岳阳楼。在写于公元 1033 年的《送韩渎殿院出守岳阳》一诗中他这样写道："岳阳楼上月，清赏浩无边。"这与《岳阳楼记》中所描述的"皓月千里"完全吻合。在《新定感兴五首》之四一诗中他这样写道："回思洞庭险，无限胜长沙。"——这首诗写于公元 1034 年元月，早于《岳阳楼记》。另外在滕子京被贬到岳州不久，范仲淹在一首诗中曾经这样写道："几处云藏寺，千家月在船。"这段话也是对岳阳楼景观的描绘。所以从这些例子来看，范仲淹是去过洞庭湖和岳阳楼的。而且在这首诗中他还写道："只应天下乐，无出日高眠。"这和《岳阳楼记》中所写的"先天下之忧而忧，后天下之乐而乐"的思想境界是非常接近的。所以范仲淹写《岳阳楼记》时虽然不在现场，但却很熟悉现场，加上收到了滕子京派人送来的《洞庭秋远图》的绘画，几方综合，然后才写成了这样一篇千古传诵的名篇《岳阳楼记》。其实，不在现场甚至没有到过现场也同样可以写出不错的文章。比如，同为文章大家的欧阳修老先生就曾经仅仅凭借滕子京送来的一幅画就挥笔写下了一篇有名的文章《偃虹堤记》。

第三节　执教应天书院

宋仁宗天圣五年（公元 1027 年），时任北宋帝国南京留守、权知应天府的晏殊向范仲淹发出了邀请，聘请他前往一所书院执教，这所书院就是应天书院。十六年前，范仲淹就是从这里起飞的，十六年后，他又来到这里，只不过，这一次，不是以学生的身份，而是以先生的身份。

那么，范仲淹是怎样当老师的呢？

大抓学风建设，对不诚实的学生零容忍。据《论语》记载，孔子曾经与其弟子进行过一次有关诚信的对话，在面临"三选一"的情况下，孔子毅然决然地回答可以去掉粮食与武器，但不能不保留诚信，因为民无信不立！孔子这话无疑是对的，但是要别人保持诚信不撒谎却很难。

子产是春秋时郑国的著名政治家，是一个连孔子都称赞的聪明人，但就是这样一个聪明人却曾经受到手下人的欺骗。据相关史料记载，有人送条活鱼给子产，子产叫主管池塘的小吏把鱼在池塘里放生，那人却把鱼煮来吃了，返回来禀报说："刚放进池塘里时，它还困乏懒动，一会儿便悠闲地离开了。"子产说："它找到适合它的地方了！它找到适合它的地方了！"那人从子产那里出来后自言自语说："谁说子产聪明呢？我明明已经把鱼煮来吃了，可他还说'它去了它应该去的地方啦'！"

当老师的肯定不希望学生撒谎，但怎么样才能让学生养成不撒谎的好习惯呢？有的人靠的是教化，而范仲淹靠的则是行动，一种具有"范式特点"

的行动。

据《范文正公言行拾遗事录》记载，范仲淹在应天书院执教期间，既当学习导师，又当班主任或辅导员，而且经常潜伏在暗处观察。有一次，有一个学生耍滑偷懒，很早就上床睡觉了，范仲淹认为这个人很不刻苦，于是，就把他叫来，问他为什么这么早就上床休息。那个学生不知道范老师还是范辅导员，于是煞有介事地回答说："刚好有些疲倦，才躺下休息一会儿。"范仲淹不动声色，又问他休息之前看的是什么书。那人胡乱对答是某本书。范仲淹马上取来那本书问他书里的简单问题，那个人都不能回答，于是就惩罚了他。这个故事从一个侧面反映了范仲淹对诚信的酷爱。

其实，范仲淹自己就是一个表里如一的人。据相关史料记载，宋仁宗登基初期，皇太后刘氏一直垂帘听政，这位皇太后乃是宋朝第一位摄政的皇太后，死后谥号为"章献皇后"。如果读者朋友对这个名字还不是很熟悉的话，那么，"狸猫换太子"这个故事想必听说过——刘太后就是"狸猫换太子"这个故事的主角。

范仲淹本人其实对刘太后没有什么个人恩怨，但他却认为当时一直摄政的刘太后应当把执政大权还给已经成年的宋仁宗。这个想法其实代表了一种主流观点，但其他人往往都是只在心里想一想，而范仲淹却直接付诸行动，上书奏请太后还政。此举令许多所谓的大臣相形见绌。前面我们提到的那位晏殊就写信责备范仲淹不该如此冒失，范仲淹却毫不动摇，回信给晏殊说，自己宁愿危言危行，绝不逊言逊行、阿谀奉承。

正是因为狠抓学风建设，所以，应天书院的学风才为之一变，全体学生都以诚实守信为根本，刻苦攻读。在范仲淹执教的第二年，应天书院的学生王尧臣在参加科举考试时不但考中了进士，而且勇夺状元，成就了一番佳话。这位王尧臣后来成了北宋仁宗时期著名诗人、词人、文学家、书法家，官至参知政事，也就是宰相。

大抓教风建设，要求学生做到的，老师先要做到。据相关史料记载，范仲淹在应天书院教书期间，"出题使诸生作赋，必先自为之"。说得直白一点，未考学生之前，先考先生。这种方式还是很另类的，俗话说，"分、分，学生的命根，考、考，老师的法宝"，从来都是老师考学生，哪有老师考自己的，"必先自为之"无异于太阿倒持，把决定权交给别人。

记得 20 世纪 70 年代初期，曾经有一次有名的"考教授"事件。据相关史料记载，那次考试采取"突然袭击"的方式，上午开完会，有关方面就组织人出题，下午就带着考卷同时到在京的十七所院校去考教授。北京市参加考试的正、副教授共六百一十三名，结果，及格者五十三名，仅占百分之八点六，平均分为二十分，其中一个学校六个教授得了六分，人均只有一分。这次考试是当时还在台上的"四人帮"搞的迫害知识分子之举，在当时就遭到了被迫参考的知识分子的强烈抵制。据说，著名历史学家白寿彝先生仅仅在考卷上写下了自己的名字就扬长而去了。这个故事从一个侧面说明了考老师不是一件容易的事情。让老师自己考自己，相当于自己革自己的命，应该更难，但范仲淹却主动去做了。

范仲淹在考察别人之前先考察自己实际上彰显了作为一个学者的自信。

范仲淹不仅散文写得好，而且诗词也表现出了过人的功力，他的那首"江上往来人，但爱鲈鱼美。君看一叶舟，出没风波里"是许多人都很熟悉的，至于他的书法虽然并没有被列入"北宋四大家"，但"四大家"之一的黄庭坚却对他的书法推崇备至。后者在一篇文章中曾经这样写道："范文正公书，落笔痛快沉着，极近晋宋人书。"

当然，除了率先垂范的精神以外，上述举措也体现了他率先垂范的情怀。用他自己的话说，就是"必先自为之"也不排除"使学者以为法"，用今天的话说，就是树立一个标杆，让其他老师向自己看齐。这一点，对于今天的我们也是具有很大的启示意义的。现下，许多地方都在搞教改，在"试水"的时候，能不能让老师与学生一起"下水"？范仲淹老师当年的做法给我们树立了典范，也为当年的书院教师们树立了楷模。正是在范仲淹的影响下，当时的应天书院涌现出一批杰出教师，如王洙。据相关史料记载，王洙生于公元 997 年，字原叔，一作源叔，一说字尚汶，北宋应天府宋城（今河南商丘）人。此人少聪颖，博览强记，遍览方技、术数、阴阳、五行、音韵、训诂、书法，几乎无所不通。

练就一双慧眼，提前发现"宋初三先生"。范仲淹执教应天书院期间为国家培养了一批像孙复、石介、张方平这样的优秀人才，也为应天书院的兴盛做出了巨大贡献。其中，他与孙复的故事最为人所津津乐道。孙复是北宋时期著名学者，是"宋初三先生"之一，但在四十六岁以前还一事无成，听说范仲淹礼贤下士，就去求见。据《东轩笔录》记载，孙复曾经先后两次去范仲淹那里"打秋风"，用今天的话说就是空手套白狼借钱。自己也并不富裕的范仲淹二话没说就从自己的口袋里掏了两笔钱给孙复。同时，在不伤害对方自尊心的前提下，很艺术地问对方：为什么这样？孙复回答说，"母老无以养，若日得百钱，则甘旨足矣"。范仲淹听了推心置腹地对孙复说："我看你不像一个乞客，要不这样吧，我在应天府书院给你补一个学职，这样每月可以得到三千钱，但你要安心做学问！"

范仲淹与孙复之间的关系，不由得让人想起了熊庆来与华罗庚之间的感人故事。熟悉那段历史的朋友想必都知道，华罗庚出身比较低微，原本只是一所初级中学的财务人员，但他自幼就对数学研究感兴趣且具有极高的天赋。1931年，他在《科学》杂志上刊发的一篇文章引发了时任清华大学数学系主任熊庆来的关注，后者想方设法打听到华罗庚的下落并且煞费苦心地把他请到清华大学来，先是担任教学辅助人员，然后又提拔他做助教，使他进入教师行列，再然后又为他争取到出国留学深造名额，使得他成长为著名数学家。古人云"世有伯乐，然后有千里马"，从某种意义上说，没有熊庆来就不可能有后来的华罗庚。同样的道理，没有范仲淹，就不一定有后来的"宋初三先生"之一的孙复。

这里，我们所感兴趣的是——应天府书院为什么能够不但不收孙复的学费，而且还给他发钱，难道那个时候就已经有了我们今天通常所说的"助学金"了吗？如果有，钱从何处来？

您还别说，古代还真的有助学金，只不过，当时不叫"助学金"，而是叫"膏火钱"。"膏火"原本指"照明用的油火"，苏东坡在一首题为《上元夜》的诗中曾经这样写道："今年江海上，云房寄山僧。亦复举膏火，松间见层层"，这首诗中的"膏火"就是用的本意，后来专指"供学习用的津贴"。读过《红楼梦》的朋友想必还记得第九回中的一句话："凡族中为官者，皆有帮助银两，以为学中膏火之费。"这句话中的"膏火"就是指的"供学习用的津贴"。之所以从"照明用的油火"转而成为"供学习用的津贴"，很重要的一个原因可能是对于古代读书人来说，夜里点灯所用的灯油是一笔比较大的开销。出于对读书和读书人的鼓励，历朝历代的书院往往都有"膏火费"的设置。这些"膏火费"当然不仅仅用来资助贫寒学子购买灯油，而是可以帮助他们解决生活上的种种后顾之忧。

助学金和奖学金都需要钱，钱从何处来？这就涉及古代书院的经费来源。古代书院的办学经费除了"官助"之外，主要靠民间集资、捐献和书院创收、自筹，其中"学田"收入是办学经费的主要来源。"官助"一是直接赐田。据相关史料记载，宋代朝廷曾经一次赏赐给应天府书院学田十顷，古代一顷地相当于后世的十亩，十顷地就相当于一百亩。二是"转移支付"，也就是减免相关税费。据相关史料记载，天圣六年（公元1028年）十二月，地方官吏就免除了应天府书院应交的地基税钱。除了官方资助以外，乐善好施的富人捐资助学也是古代书院的一个重要经费来源。应天府书院就是一个名叫曹诚的富人倡议捐建的。据相关史料记载，宋大中祥符元年（公元1008年），当地人曹诚"请以金三百万建学于（杨悫）先生之庐"。大中祥符二年（公元1009年），曹诚就其地筑学舍一百五十间，聚书一千五百卷，广招生徒，并愿以学舍入官，并请令戚同文之孙戚舜宾担任山长，以曹诚为助教。经由应天府知府上报朝廷，受到宋真宗的赞赏。大中祥符二年（公元1009年）该书院被正式赐名为"应天府书院"。有了这些钱，再加上良好的管理，范仲淹自然有能力每月发给孙复三千钱了。而得到范仲淹的资助，孙复才能够专心授学，门下培养出许多贤良之士，如石介、文彦博、范纯仁等，皆一时之精英，可谓"乐得天下英才而教之"。

第四节　创建苏州书院

"鸟飞反故乡兮，狐死必首丘"，人往往都有一种故乡情结，所谓"月是故乡明"说的就是这个意思。但是，有的时候，故乡也不是那么好回的。范仲淹的父亲范墉祖籍苏州，以此推论，范仲淹应当属于苏州人，但他第一次回苏州，却是身不由己。宋仁宗景祐元年，也就是公元1034年，北宋帝国境内黄河在大名府决口，发大水。这一年，被称为"上有天堂，下有苏杭"的苏州也不太平。该地闹大水，灾民多达十万户。因力谏章献太后（宋真宗章献皇后）归政而被贬知睦州的半年后，范仲淹又被任命为苏州知州。此次回乡，朝廷可不是让他衣锦还乡省亲的，而是让他救灾的。

且说范仲淹回到苏州以后，完成治水任务之余，抽空拜访范氏长辈，瞻仰苏州祖居，对祖辈创业精神由衷钦佩，因此萌生了在故乡购置土地建造新居的念头。经亲友四处考察，最后相中了苏州南园旁边的一块土地，此地与名园沧浪亭遥遥相望。"沧浪亭"最早是五代时吴越国中吴军节度使孙承祐的池馆，位于现苏州市城南三元坊附近。但是，范仲淹最终却并没有用选中的土地建造私宅，而是把它捐给了当地作为官办书院之用，这又是为什么呢？

原来，初步看中那块地之后，范仲淹曾经请人看了那块地的风水——这并非什么迷信，因为当时的人都是如此。风水先生看后告诉他说：此地乃是姑苏城的风水宝地，如能在此兴建家宅，子孙后代必将科举及第，公卿将相，荣华富贵，万世不竭。

要是一般人听了这番话肯定会如获至宝，秘而不宣、秘不示人的，因为在中国古代，从皇帝到一般老百姓，都是非常看重风水对于子孙后代的影响的。

不妨给读者朋友讲一段历史：在大明王朝的晚期，曾经有两个著名事件，一个是农民起义军千里奔袭攻打凤阳，另一个是朝廷任命的米脂县令边大绶上书陕西总督汪乔年请求批准他搞破坏。

这两件事的行为主体一个是贼，一个是官，且相隔甚远，看起来似乎是风马牛不相及，但却都与一件事有关，那就是，都是为了掘敌对方的祖坟——其中，凤阳是大明皇帝的祖坟所在地，而米脂则是闯王李自成的祖坟所在地。敌对的双方为什么要与已经死了的人过不去呢？很重要的一点就是他们都认为祖坟事关坟墓中所埋死者子孙后代的气运。如果把敌对方的祖坟给掘了，就有可能破坏掉他们的气运。

当然，明末这两件事的结果是，敌对的双方最后都成了输家，所谓"鹬蚌相争，渔翁得利"，最后便宜了山海关外的多尔衮和小皇帝顺治。

这个故事从一个侧面折射出古人的一种普遍心态，那就是一定不能够让敌对的一方因为有了好的风水而惠及子孙。

晋代的郭璞是一个精通风水的堪舆学家，用今天的话说，就是非常善于给别人看风水。据相关史料记载，有一次，有一个名叫张裕的人，请他帮助选一处墓地，郭璞初步看中了两个地方，一个地方可以保佑张裕本人高寿，另一个地方则可以保佑张裕的子孙世世代代都高官得做，富贵袭人，但选择这个地方张裕本人却要折寿一半。郭璞问张裕选择哪一个，后者想都没有想就回答说，当然是选择第二个！这个故事从另一个侧面折射出古人的另一种普遍心态，那就是，宁可自己少活几十年，也要常保儿孙们的富贵长存。

而范仲淹看中的这块地，不用自己折寿就能够常保子孙富贵，这简直就是有百利而无一害的事情。要是一般人，肯定想都不用想就会赶紧买下，建造房屋，以便惠及自己的子孙。但范仲淹不是一般人。他想到的却是："吾家有其贵，孰若天下之士咸教育于此，贵将无已焉"，用今天的话说，就是"我家长保富贵，怎么比得上让天下读书人都来这里受教育呢，那样的话，这块地才真正得其所哉"！这种想法，不由得让人想起《岳阳楼记》中的那句"先天下之忧而忧，后天下之乐而乐"的名言。范仲淹不仅是这样说的，更是这样做的！于是，他将这块风水宝地无私地捐献给了当地用作开办书院之用。这一点使得他有别于那些说一套做一套的言语上的巨人，行动上的矮子。

万事开头难，要办一所学校，除了土地以外，还有许多需要操心的事，比如说校园规划。在进行校园规划时，范仲淹做到了立足长远，将书院修得很大。当时，曾经有人提出过不同意见，认为校园太大了，但是，范仲淹却丝毫不为所动，他说，"吾恐异日以为小也"。

范仲淹的这番话，不由得让人想到了江西省南昌市的八一大道。南昌的八一大道原名"安石路"，始建于 1928 年，后因抗战全面爆发而停工，一直到中华人民共和国成立前，安石路都是"坡陡曲折，路面坎坷，晴天灰尘满天，下雨泥泞路滑"。20 世纪 50 年代，当时的江西省省长邵式平亲自兼任南昌市城市建设委员会首席主任委员。1951 年，他力排众议将安石路拓宽至六十多米，并将其更名为八一大道。1956 年，八一大道进行了混凝土铺设，成为当时全国仅次于北京长安街的大道，在 20 世纪 60 年代堪称"新中国省会城市马路第一宽"。当时有些人认为没有必要修那样宽的大道，甚至一些省级领导也不同意邵省长的意见。但是，邵式平却力排众议，他说："现在你们觉得太宽，不错。但随着建设事业发展，交通车辆、人流必将大增。那时八一大道可能还嫌窄呢。"正是由于邵省长胸怀宽广、远见卓识，才使得八一大道在南昌乃至江西交通和经济发展中发挥了重要作用。几十年来，南昌市区面积、人口、车辆虽然增长了很多倍，但八一大道依然担当着主干道的重要角色，避免了大拆大迁所造成的资源浪费。

像后来的历史证明了邵式平的先见之明一样，后来的事实同样证明了范仲淹的先见之明。在范仲淹的总体设计之下，苏州府学建筑布局上形成了左庙右学的格局。据《修学记》记载，苏州书院"广殿在左，公堂在右，前有泮池，旁有斋室"。此后，这种建筑格局也成为宋代书院的标准建筑配置。

除了校园规划之外，如何办学也是摆在范仲淹面前的一个大问题。由于主业是当知府，范仲淹不可能有更多的精力去苏州书院教学，这一点与此前丁母忧时在应天府书院充当全职教授有很大的不同。范仲淹的伟大之处就在于，他像许多成大事者一样，善于把最合适的人安排到最合适的岗位上。这其中最典型的例子就是延请胡瑗全面主持苏州书院的工作。

胡瑗可不是一般的人，在中国古代教育史上，乃是一个赫赫有名的人物。此人祖籍陕西子长县的安定堡，生于北宋泰州海陵（今江苏如皋）一个下等官吏家庭，祖上曾经显赫过，但是到了他这一辈，竟步入"家贫无以自给"的境地，连正常地读书都是一个奢望。也许是天欲降大任于斯人的缘故吧，胡瑗曾经先后七次参加进士考试，却屡屡落第。四十岁以后，他不再参加科考，转为专心从事教学工作，先后在泰州、苏州、湖州和京师太学执教三十年左右，受教育者不下数千人，对教育事业做出了很大贡献。

在主持苏州书院期间，胡瑗主要做了以下几件事：

一是进行相应的制度设计，在中国教育史上首先创立了分科教学的制度。与西方相比，中国传统教育虽然很早就提出了"因材施教"的口号，但由于"罢黜百家，独尊儒术"，使得绝大多数读书人都认为，除了"四书""五经"之外，其他的知识都算不得知识，至少是不必加以认真学习的知识，所以，一般的书院往往只教经义之学。但是，胡瑗却跳出了这个窠臼，既教授传统的经义之学，也传授治民、讲武、堰水（水利）和历算等经世致用之学，因材施教，培养出不少学有专长的人才。范仲淹的儿子范存仁就是这么被培养出来的。

二是非常注重学生的养成教育。有一次，学生徐积初次见胡瑗，头稍稍有些偏了，他就直呼"头容直"。这使徐积从中受到教育，时刻警示自己不仅要仪态端庄，更应该注意自己的心也要正直。

三是非常重视教师本身的率先垂范作用。他对学生既严格要求，又注意言传身教，并规定师生之间的礼节，自己常常"以身先之"，盛夏之季，他也整天公服端坐堂上，决不稍懈。

四是十分关心学生的生活。如学生安涛患了痼疾，他慈父般地给予关照，学生非常感动，说先生之爱如同冬天的太阳。

五是非常重视学生全面发展。他经常教导学生在吃饱饭以后，不要立即伏案读书，这样做将有害于身体健康；他要求学生要适当参加体育锻炼，平时要学会"射箭""投壶"和其他各项游乐活动；他也注意用音乐来陶冶学生的情操。如在各种考试之后，他常与学生们于"肯善堂"歌诗奏乐，至夜始散。有这样一位大师级的人物坐镇，苏州书院想要办得不好都不可能。

范仲淹捐建地皮办书院的意义不仅是捐资助学，更是开一代之先河。

清代著名思想家冯桂芬在《重修吴县学记》一文中曾经说过这样的话："天下各县之有学，自吴学始，迤逦至宋末二百年而学遍天下，吴学实得其先。"《苏州府志》二十四卷也认为："苏郡之有学也，自范文正公始。而各县学校次第修建，大率皆方于宋代。"

由于范仲淹在苏州率先开办府学，当朝皇帝宋仁宗在差不多十年以后的庆历四年，也就是公元 1044 年的 3 月下令天下各州县皆立学校，"继此郡县皆有学，而吴固称为首"。换句话说，在范仲淹开办苏州书院以前，各个地方府县这一级是没有官办学校的，范仲淹创立的苏州府学不仅在苏州地区为最早的一所官办学校，而且在全国范围内也属第一所州府级官学。官办教育由"两级办"向"三级办"转变，范仲淹可谓开风气之先。

纵观范仲淹的一生可谓学于书院，教于书院，写于书院，建于书院。从公元 1011 年开始，到公元 1046 年，长达三十多年的时间，范仲淹与书院结下了不解之缘。范仲淹的这些经历，从某种意义上说，也可以视为中国古代知识分子的一个缩影。中国古代有所谓"穷则独善其身，达则兼济天下"的说法，对于一般非世族大家出身的读书人而言，要想"兼济天下"，首先必须有那个资格，而帮助他们具备相关资格的往往就是传统书院——通过进入书院刻苦攻读，考取功名，进入公职人员序列，然后以自己所学报效国家，兼济社会，同时，借助包括但不限于书院这一点平台弘扬并且传承优秀传统文化。可以说，正是借助范仲淹，我们进一步了解了宋代书院乃至中国古代的书院以及与传统书院息息相关的中国古代知识分子。

以儒家思想为代表的中国传统文化在唐、宋时期曾经一度因为自身的不思变革而面临芸芸众生的「审美疲劳」，虽然有韩愈这样的大文豪以《谏迎佛骨表》这样极端的方式想要拯救中国本土的传统文化，但却是「一封朝奏九重天，夕贬潮阳路八千」！沧海横流，方显英雄本色。有一个人立志挽狂澜于既倒，扶大厦于将倾，被康熙大帝称赞为「集大成而绪千百年绝传之学，开愚蒙而立亿万世一定之规。」他，就是朱熹。请看——

第四章

集大成而绪千百年绝传之学

——"宗孔嗣孟"的朱熹与南宋书院

朱熹，字元晦，又字仲晦，号晦庵，晚称晦翁，谥"文"，世称朱文公。祖籍江南东路徐州府萧县，南宋时移居徽州府婺源县（今江西省婺源县），出生于南剑州尤溪（今属福建省尤溪县）。是宋朝著名的理学家、思想家、哲学家、教育家、诗人，儒学集大成者，世尊称为朱子。朱熹是唯一非孔子亲传弟子而享祀孔庙，位列大成殿十二哲的人，是中国教育史上继孔子后的又一人。此人一生都与书院结下了不解之缘。今天，我们就来与读者朋友分享几个朱熹与南宋书院的故事。

第一节　南宋"文革"与朱熹的十大罪状

1981 年 6 月中共十一届六中全会通过的《关于建国以来党的若干历史问题的决议》指出："1966 年 5 月至 1976 年 10 月的'文化大革命'，使党、国家和人民遭到建国以来最严重的挫折和损失"，它是一场"被反革命集团利用，给党、国家和各族人民带来严重灾难的内乱"。有学者戏称，其实，南宋时期，也曾经有过一次声势浩大的"文革"，而我们本文的主人公朱熹老先生在那次"文革"中被列出了"十大罪状"，加以"批斗"，其中之一就与他"挪用公款"修复白鹿洞书院有关。这又是怎么一回事呢？

话还得从南宋那场"文革"说起。

南宋"文革"当然只是戏称，标准的说法是"庆元党禁"。

庆元党禁，也称"伪学逆党之禁"，指中国南宋时代宋宁宗庆元年间韩侂胄打击政敌的政治事件。

这场政治事件的导火索说来令人匪夷所思，它竟然是因为一个当儿子的拒绝为刚刚去世的老爸尽最基本的孝道而引发的，套用前些年网络上流传的一则视频"一个馒头引发的血案"，我们不妨称它为"一个不孝之子引发的血案"，这又是怎么一回事呢？

话还得从公元 1194 年说起。公元 1194 年 6 月 28 日，宋孝宗赵眘去世。赵眘原名赵伯琮，后改名瑗，赐名玮，字元永，乃是宋太祖七世孙。因为南宋第一位皇帝宋高宗赵构没有存活下来的亲生儿子，所以，其被收为养子，是南宋第二位皇帝，宋朝第十一位皇帝。宋孝宗普遍被认为是南宋最有作为的皇帝。他在位期间，平反岳飞冤案，起用主战派人士，锐意收复中原；内政上，加强集权，积极整顿吏治，裁汰冗官，惩治贪污，重视农业生产，百姓生活安康，史称"乾淳之治"。但是，正如人们通常所说的那样"官场得意，情场失意"，赵眘虽然没有踏入什么"情场"，但他的家庭却并不像他的国家那样令他满意。换句话说，在家庭治理方面他是一个失败者，这又是怎么一回事呢？

原来，赵眘虽然并不像他的养父赵构那样没有存活下来的亲生儿子，而是生了四个儿子。但是大儿子赵愭早在乾道三年（公元 1167 年）就去世了，谥号庄文。继承赵眘职务的并非人们想象的排行老二的赵恺，而是老三赵惇，后者也就是后来的宋光宗。这种绕开老二选老三的做法本就不值得提倡——因为这位"老三"实在看不出哪个地方比老二强。倘若选定老三之后赵眘不再生事那也就算了，熟料这位不按牌理出牌的孝宗皇帝可能有点上瘾，在自己选定的接班人已经当上皇帝之后，又插手接班人的接班人问题。宋光宗的皇后李氏只生有嘉王赵扩一人，立为太子，本是顺理成章之事，但却受到了孝宗的阻挠。可能是因为嘉王天性懦弱，孝宗认为其不适宜继承皇位，相比之下，魏王赵恺的儿子嘉国公赵抦生性聪慧，深得孝宗喜爱。当初光宗取代了二哥赵恺，成为太子，如今孝宗却宠爱赵恺之子，不同意将嘉王立为储君，无形中加深了光宗心中对孝宗本就存在的猜忌，让光宗时时感到恐惧和不安。在他看来，父亲的存在似乎不仅对嘉王的太子地位，甚至对自己的皇位，都是潜在的巨大威胁。在别有用心的李皇后和宦官们的不断挑拨离间下，这种恐惧感逐渐成为光宗挥之不去的阴影，其心理和精神压力越来越大，终于导致了无端猜疑和极度偏执的症状。他视重华宫为畏途，不再定期前去问安，尽可能躲避着孝宗，甚至老爸去世也不前往吊孝。绍熙五年（公元 1194 年）七月，知枢密院事赵汝愚在太皇太后吴氏的支持下，发动了一起宫廷政变，拥立光宗之子赵扩（即宁宗）为皇帝，尊光宗为太上皇，史称"绍熙内禅"——至此，南宋有了第三位"太上皇"。当时韩侂胄是宫廷内臣，他的姐姐是当时的太皇太后（高宗皇帝的吴皇后），其妻是太皇太后的侄女，其侄孙女是宁宗皇帝的恭淑皇后，是正儿八经的亲上加亲的皇室外戚，也参与其事。事成后，韩侂胄希望论功行赏，封他为节度使，遭到了赵汝愚的反对。

赵汝愚为什么不愿意与韩侂胄分享"胜利成果"？说法很多，其中一种解释是赵是宗室，也就是皇帝的本家，而韩则是外戚，他的侄孙女是新任皇帝宋宁宗的恭淑皇后，宗室与外戚自古"汉贼不两立"。对于赵韩之间的矛盾，属于赵汝愚一方的朱熹与吏部侍郎彭龟年分别提出了解决之道——彭龟年主张采取强硬手段，朱熹则主张以厚赏酬劳，勿使干预朝政。

赵汝愚却不以为意，他对韩侂胄说："我是宗室之臣，你是外戚之臣，怎么可以论功？"仅升韩侂胄为枢密都承旨。这个职务只是枢密院属下执掌传达皇帝密命的从五品武臣，自然招致怀恨在心的韩侂胄的强烈反弹。说实话，韩侂胄要反弹难度不是一般的大，这就好比今天的一个小处长要与国务院副总理兼国防部长硬抗一样。

为什么这么说呢？清代著名历史学家赵翼在《廿二史札记》卷二十二《五代枢密使之权最重》中有过这样一段论述："唐中叶以后始有枢密院，乃宦官在内廷出纳诏旨之地。昭宗末年，朱温大诛唐宦官，始以心腹蒋玄晖为唐枢密使，此枢密移于朝士之始。温篡位，改为崇政院，敬翔、李振为使。凡承上之旨，皆宣之宰相，宰相有非见时而事当上决者，则因崇政使以闻，得旨则复宣而出之。然是时，止参谋议于中，尚未专行事于外。至后唐复枢密使之名，郭崇韬、安重诲等为使，枢密之任重于宰相，宰相自此失职。"然后赵翼又列举了许多枢密使专权的事例，指出"当时枢密之权，等于人主，不待诏敕而可以易置大臣。其后出镇魏州，史弘肇又令带枢密使以往，苏逢吉力争之不得。于是权势益重，遂至称兵犯阙，莫不响应也"。

宋代的枢密院与中书门下分掌军令与政令，号为"二府"，俗称"西府"，事实上是以枢密院的长官来分割宰相的掌兵之权。宋、元之际著名的历史学家，著有《文献通考》《大学集注》《多识录》等书的马端临曾经指出："枢密院官虽曰掌兵，亦未尝不兼任宰相之事"，宋朝国策虽然对"武人跋扈"的防备不遗余力，但是枢密院的地位还是举足轻重。雍熙三年（公元986年）北伐，宋太宗"独与枢密院计议，一日至六召，中书不预闻"。知枢密院事顾名思义乃是枢密院的最高长官，可谓位高权显，怎样才能够把这个庞然大物拉下马呢？韩侂胄苦思良久，发现有一条"潜规则"可以为己所用。什么"潜规则"呢？——为防范宗室之尊与相权之重相结合来威胁君权，宋代有所谓"同姓可封王不可拜相"的家法，或者叫作"潜规则"。当时正担任知枢密院事，也就是相当于"宰相"职务的赵汝愚还有一个身份，那就是宋太宗赵光义的八世孙，而时任皇帝则是好不容易才从太宗一脉夺回皇位的太祖后代。我们都知道，北宋初年皇位传承曾经非常诡异地有过一次"传弟不传子"，身为弟弟的赵光义被认为可能使用了不光彩的手段夺得了皇位。靖康之乱以后，宋室南迁，身为太宗一脉的高宗赵构有一次正与妃子敦伦之际，突然接到军报，大吃一惊之下，竟然导致生理机能出现障碍。而他唯一的一个亲生儿子又死了。没办法，只好从姓赵的宗室子弟中寻找接班人，找来找去，找到的却是太祖赵匡胤的后代。所以，当时的南宋皇帝实际上是太祖一脉。想想当年的"斧声烛影"，估计任何一个太祖的后代都会对太宗一脉缺乏好感并心生警惕。韩侂胄正是利用了这一点。

在韩侂胄等人的煽动下，当时的南宋京城流传着许多诸如上一次内禅（指"绍熙内禅"）前"外间传嘉王出判福州，三军士庶已推戴相公（赵汝愚）矣"的谣言；太学里则传"郎君不令"（指宁宗不聪慧），太学生上书请尊汝愚为伯父等谣言。右正言李沐更是罗织各种谣言上书给皇帝，说赵汝愚"以同姓居相位，非祖宗典故；方太上圣体不康之时，欲行周公故事；倚虚声，植私党，以定策自居，专功自恣"。

将听到的谣传与南宋宗室大臣，北宋魏王赵廷美后代，崇简国公赵叔寓曾孙赵彦逾出朝前的诬告一联系，宁宗彻底倒向了韩侂胄；再加上宋宁宗的恭淑皇后不时吹点枕边风，结果是赵汝愚被罢免右丞相，以观文殿学士出知福州。这个时候赵汝愚仍然执迷不悟，他竟然天真地对那些为他前往被贬之地送行的人说："看侂胄用意，必欲杀我。我死，君等方可无事。"殊不知，政治斗争从来都是"宜将剩勇追穷寇，不可沽名学霸王"的。韩侂胄并不想"沽名学霸王"，于是乎，由他授意，开启了一场轰轰烈烈的"庆元党禁"运动。

"庆元"乃是宋宁宗赵扩的年号，具体一点说，"庆元党禁"开始于公元 1196 年。就像后世"文革"的序幕是由一个官不是很大的"小人物"姚文元的一篇《评新编历史剧〈海瑞罢官〉》揭开的一样，轰轰烈烈的"庆元党禁"，也是由一个"小人物"的上书开启的。这个"小人物"名字叫作刘德秀，是隆兴元年（公元 1163 年）进士。初在南康军、桂阳军、长沙县、重庆军等地为官。因为与朱熹的学生曾撙竞争同一个官职，没有成功，所以恨屋及乌，对于朱熹及其所代表的理学（当时称为"道学"）恨之入骨。原本刘德秀是没有什么机会表达自己的愤怒的，但是他却遇到了庆元年间韩侂胄与赵汝愚之间的权力斗争。前者，也就是韩侂胄想要打击赵汝愚，于是，二人一拍即合，相互利用，以便达到自己不可告人的目的。庆元二年（公元 1196 年）二月，刘德秀上书朝廷，要求把朱熹大力倡导的道学定为"伪学"，甚至连儒家经典《论语》和《孟子》都不允许读书人在"高考作文"（科举考试）中引用。这一点，连一向不过问朝政的太皇太后吴氏都看不下去了。在她的干预下，宁宗皇帝下令"纠偏"，想要平息这场斗争，但韩侂胄等人却并不从命，不但拒不改错，而且还将斗争的矛头指向了朱熹。有一个名叫沈继祖的监察御史上书皇帝，认为朱熹犯有"六宗罪"，即不忠、不孝、不仁、不义、不恭、不谦，还捏造了一首词证明朱熹曾经与别人为了一个妓女而争风吃醋。这首词是这样写的："不是爱风尘，似被前身误，花落花开自在时，总是东君主。去也终须去，住也如何住，若得山花插满头，莫问奴归处。"

这首词其实说明不了什么问题。在北宋时期，并没有什么规定，说不允许读书人与风尘女子来往，当时与妓女来往根本不算什么事。一代文豪苏东坡就公然写有《携妓乐游张山人园》，诗云："大杏金黄小麦熟，堕巢乳鹊拳新竹。故将俗物恼幽人，细马红妆满山谷。提壶劝酒意虽重，杜鹃催归声更速。酒阑人散却关门，寂历斜阳挂疏木。"甚至连皇帝如宋徽宗也隔三岔五地出宫，不为别事，就为与一个窑姐儿李师师幽会。当时的著名词人周邦彦还为此填了一首非常香艳的《少年游》词："并刀如水，吴盐胜雪，纤指破新橙。锦幄初温，兽香不断，相对坐调笙。低声问：向谁行宿？城上已三更。马滑霜浓，不如休去，直是少人行。"更何况，据后人考证，"不是爱风尘，似被前身误，花落花开自在时，总是东君主。去也终须去，住也如何住，若得山花插满头，莫问奴归处"这首词的作者并非像造谣者所称的是一个名叫严蕊的妓女，而是一个名叫高宣教的纯爷们。

笔者对于这种"花边新闻"实在不感兴趣，值得注意的是沈继祖在奏折中强加给朱熹的另外一个罪名，那就是"利用职权，挪用浙东三十万缗赈粜款"。朱熹挪用公款想要干什么呢？

第二节　挪用公款，修复白鹿洞书院

南宋淳熙六年，也就是公元 1179 年，在屡次推辞不就不被允许之后，朱熹迫不得已来到今天的江西星子县，当时称为"南康军"的地方担任最高行政长官"知南康军"的职务。"知南康军"是一个什么样的职务呢？要回答这个问题，首先就要搞清楚这里所说的"军"的含义，而要搞清楚这里所说的"军"是什么，首先要搞清楚宋代的行政区划设置。"杯酒释兵权"之后，宋太祖赵匡胤把全国四百个行政区划分为两级，其中有一级相当于今天的地市一级，按照所在地理位置等的不同，分别称为"府""州""军""监"。《水浒传》第四十一回"宋江智取无为军　张顺活捉黄文炳"中的"无为军"就是一个地级行政区划。在地级以下的称为县，当时有一千二百三十四个县。"军"的最高长官不叫"军长"，而是叫"权知某某军州事"。"权知"的意思是"暂时代管"。这种官职的设置也是一个奇葩，相当于后世的"地委书记"或"地区专员"的官员竟然是由朝廷直接派遣文臣临时代理的。"知南康军"就是"南康军"这个地级行政区划的最高长官。

担任"知军"以后，朱熹并没有把精力放到政事上，而是上任伊始，就公开张榜，广为寻求星子县也就是南康军境内的历史文化名人及其遗迹。进入朱熹视野的包括陶渊明、刘凝之、义门洪氏以及白鹿洞书院。

陶渊明是大家都很熟悉的东晋名士。刘凝之在中国历史上有两个，都很有名：一个是南北朝时期南朝的刘凝之，此人品行高洁，淡泊名利，屡次辞官不就；另一个刘凝之则生活在北宋。前一个刘凝之的家乡在南郡枝江，后一个家乡在江西庐山。很明显，朱熹要寻访的应该是后一个刘凝之的事迹，尽管前一个的事迹也令他钦佩。在中国历史上，由于儒家伦理的影响，许多大家族累世同居，被朝廷奉为社会楷模，赐为"义门"。著名的有义门陈、义门郑、蒲城义门王氏等。从宋到明，"义门"成为一个很特殊的社会现象，它从另一个层面反映了儒家思想对社会的一种影响，它不仅仅停留在知识界，而是影响到社会基层。义门洪氏顾名思义就是曾经被皇帝表彰过的洪氏家族。上述两人一家族生活的朝代不同，知名度也不同，但是，有一点是相同的，那就是都淡泊名利，品行高洁。寻访他们的事迹实际上是一种导向，彰显了寻访者的审美情趣和价值取向。

与上述被寻访对象不同，白鹿洞书院是物而不是人。

"白鹿洞"其实最早是没有什么"洞"的。据陈舜俞《庐山记》等史志记载，唐德宗贞元年间（公元785年—805年），河南洛阳人李渤与其仲兄李涉曾经在庐山脚下隐居、读书，他们还驯养了一只白鹿。李渤每次要买什么东西的时候就让白鹿代步，把需买的东西名称写在纸上，放好铜钱，白鹿会到镇上的商铺把东西给带回来。因为白色的鹿当时很少见，所以，山村乡民视之为神，人们就称李渤为"白鹿先生"或"白鹿山人"。他们兄弟隐居的山谷，因为形状酷似山洞，所以又被称为白鹿洞。作为读书场所的白鹿洞书院始建于南唐昇元年间（公元937年—942年），最早叫作"庐山国学"。顾名思义，这是一所官办学校，因为当时的南唐统治者非常重视文化教育，于是，南唐朝廷特别派遣相当于后世的国立中央大学校长助理的国子助教前来庐山国学，主持国学行政和教学工作。因此，庐山国学被视为中国历史上唯一的由割据政府于都城之外设立的官办国学。《全唐诗》中至今保留了庐山国学师生的不少诗篇。可见诗是庐山国学的重要教学内容之一。据史料记载，庐山国学的教学组织形式除采取"个别传授"外，还采用了"升堂讲说"或称之为"升堂讲释"的教学形式。

开宝九年，也就是公元976年，宋军攻占江州，南唐当局建置的庐山国学结束了它的历史，被北宋的白鹿洞书院所代替。北宋时代的早期，朝廷曾经对白鹿洞书院给予了较高的重视，先后派人赐书——下令将国子监刻印的《九经》（系五代时冯道等人主持刻印的《九经》，包含《诗》《书》《易》《礼记》《仪礼》《周礼》《左传》《公羊传》《谷梁传》）赐给书院，"释送至洞"，以便生徒阅读。白鹿洞书院由于得到最高统治者的青睐，从此也扬名四方。但是，好景不长，书院可能因为没有得到管理和维修的缘故，不久又遭到了破坏。大中祥符初，江南西路临江军新淦（今江西新干）人、直史馆孙冕请求朝廷将白鹿洞作为他归隐养老的地方。这个请求得到宋真宗的批准。但是，他还未到达白鹿洞就去世了，他的后人便将他的遗体埋葬在白鹿洞附近的山坡上。宋仁宗皇祐五年（公元1053年），孙冕的儿子比部郎中孙琛在白鹿洞建房十间，以便弟子居住和读书，同时接待前来求学的各地士子，供给膳食。孙琛将这里定为"白鹿洞之书堂"。当时的星子主簿郭祥正还为此写了一篇《白鹿洞书堂记》，这是白鹿洞书院的第一篇记文。宋仁宗赵祯皇祐年间（公元 1049 年—1054 年 3 月）后，白鹿洞成为一片废墟，荒草、瓦砾相杂，经历了漫长的岁月。宋神宗赵顼熙宁五年（公元 1072 年），陈舜俞作《庐山记》，文中称"白鹿洞亦李渤读书处""今鞠为茂草"。

一百零七年以后，也就是公元 1179 年 3 月，朱熹到任南康军。这一年的秋天，南康军境内多雨，有些地方甚至有发生洪涝灾害的危险。下乡巡视途中，朱熹路过白鹿洞书院。俗话说"看景不如听景"，来白鹿洞书院之前，朱熹还是充满期待的，到了之后所看到的却令他大失所望。朱熹心目中的白鹿洞书院肯定是理想的传播文化与知识的场所，但是他所看到的真实的白鹿洞书院却满目疮痍。最让朱熹感到不能容忍的是因为独特的地理位置，白鹿洞书院所在的庐山已经成了佛教与道教的圣地，寺院道观林立，但书院却只有这么一所，还任其毁损无人关心！一种责任感和使命感油然而生。朱熹决定尽自己最大的努力修复白鹿洞书院。

修复白鹿洞书院乃是一个大工程。要修复白鹿洞书院，金钱不是万能的，但是，没有金钱是万万不能的。问题是，钱从何处来？

朱熹首先想到的就是向中央政府申请公共财政的支持，为此，他专门给当时的礼部写了一份资金申请报告——《申修白鹿洞书院状》。他在这份申请报告中这样写道："朝廷倘欲复修废宫以阐祖宗崇儒右文之化，则熹虽不肖，请得充备洞主之员，将与一二学徒读书、讲道于其间"，"其禄赐略比于祠官，则熹之荣幸甚矣"——祠官，这是宋朝特设的一种官职。朱熹可能不好意思直接向朝廷要钱，于是用比较隐晦的措辞告诉朝廷，重修白鹿洞书院那是需要钱的，多少您还是给点吧！

这也难怪，当时的南宋小朝廷偏安一隅，既要每年向金国奉上一大笔钱作为岁币，境内又天灾频仍。据《续资治通鉴》记载，公元 1179 年这一年"高邮、通、泰等州田鼠为灾"，"淮东大饥"，老百姓连饭都吃不饱，甚至连当朝皇帝宋孝宗也舍不得吃整条的鱼——"每进膳，即食一小段，可食半月"。

在那些朝廷官员看来，"填脑子"远远比不上"喂肚子"重要，所以，朱熹要想从中央政府那里要到钱，那简直就好比与虎谋皮，向葛朗台和严监生"打秋风"，是根本不可能的事情。

倘若是一般人，遇到这种情况，估计就会知难而退了，但是，朱熹毕竟不是一般的，他是"二班"的（当然，这是开玩笑了）。既然正路走不通，他就动脑筋，尝试剑走偏锋。

南宋淳熙九年（公元1182年），朱熹赴浙东提举后，遗钱三十万缗嘱继任知军钱闻诗"建礼圣殿"。

这真是一个大手笔。在宋代，当时的一缗大约值白银一两，"三十万缗"就是三十万两白银，朱熹从哪里弄来这么多钱？

如果我说，他老人家这是在挪用公款，您信吗？

估计一般人都不会相信，因为宋代，特别是北宋早期对于包括挪用公款在内的贪腐行为惩处力度是相当大的。赵翼在《廿二史札记》卷二十四《宋初严惩赃吏》中说，"宋以忠厚开国，凡罪罚悉从轻减，独于治赃吏最严。盖宋祖亲见五代时贪吏恣横，民不聊生。故御极以后，用重法治之，所以塞浊乱之源也。"宋太祖将官吏贪赃视同十恶、杀人之重罪，"遇赦不原"。其他罪行遇上大赦，可以赦免刑罚，惟独贪污罪不得赦免。仅开国十几年间，宋太祖就先后处决大的贪官达十五人之多。

特别值得一提的是，北宋前期的反腐是"王子犯法，与庶民同罪"的，并不因为犯错者是高官或名人而对其网开一面。

今天我们许多人都知道范仲淹的千古名篇《岳阳楼记》，这篇文章其实从某种意义上说乃是反腐的产物。这又是怎么一回事呢？话还得从文中提到的滕子京说起。这篇文章一开头就说"庆历四年春，滕子京谪守巴陵郡"。滕子京为什么会被"谪守巴陵郡"？很重要的一个原因就是因为驻守在泾州的陕西四路都总管兼经略、安抚、招讨使郑戬告发滕子京在泾州滥用官府钱财，监察御史梁坚对其进行弹劾，指控他在泾州费公使钱十六万贯，朝廷随即遣中使检视。滕子京恐株连诸多无辜者，将被宴请、安抚者的姓名、职务等材料全部烧光。其实，所谓十六万贯公使钱是诸军月供给费，用在犒劳羌族首领及士官的费用只有三千贯。时任参知政事的范仲淹及监官欧阳修等都为其辩白，极力救之，结果滕子京被官降一级，贬知凤翔府（今陕西省宝鸡市境内），后又贬虢州（今河南省灵宝市境内）。御史中丞王拱辰仍然上奏不依不饶，认为滕子京"盗用公使钱止削一官，所坐太轻"。因而在庆历四年（公元 1044 年）春滕子京又被贬到岳州巴陵郡（今湖南省岳阳市一带）。如果说，滕子京被贬还是因为涉及一笔十六万贯的巨款，那么，北宋时代的另外一个官员兼名人苏舜钦的被贬所涉及的金额则少得可怜。苏舜钦是当朝宰相杜衍的女婿，担任提举进奏院的职务。有一回他将进奏院的废纸卖了换成一笔小钱跟同事喝花酒，也被御史参劾，最后以"监主自盗"之罪被削籍为民。罢职后苏舜钦闲居苏州，筑造一座沧浪亭，还写了一篇可媲美《岳阳楼记》的《沧浪亭记》。

据《宋会要辑稿》卷九十二记载，南宋初年，宋高宗赵构曾经亲自下令："如人吏受赂及故违条限，仍许御史台检举送大理寺，依法断遣。所有京朝官、大使臣亦依此。"后来孝宗皇帝也下诏："诸路监司郡守不得非法聚敛，并缘申请妄进羡，违者重置典宪，令御史台觉察。"

但是，朱熹他老人家这三十万缗钱却确实是公款，而且是赈灾款。我们前面提到的监察御史沈继祖的同伙谏官胡纮在给朱熹罗列罪名时，其中之一就是挪用赈灾款。这位胡谏官是这样写的："（朱熹）为浙东提举，则多发朝廷赈济钱粮，尽与其徒而不及百姓。"这绝非空穴来风，书院历史方面的研究专家邓洪波先生在其大著《中国书院史》一书中专门就此写道："朱熹为了兴复白鹿洞书院已经到了不顾一切的地步。"纵观中国古代历史，众多名人创办书院或修复书院的可谓如过江之鲫，但像朱熹这样挪用救灾款，而且是巨额救灾款兴复书院的，我们还真是头一次见到。朱熹这也算是创造了一个历史第一吧！

第三节　软硬结合，兴复白鹿洞书院

朱熹对白鹿洞书院可谓倾尽心血。概括起来说，他为兴复白鹿洞书院主要做了以下工作：

一、硬件建设方面的工作

这里所说的"硬件建设"主要包括以下几项内容：

一是"房地产开发"。据相关史料记载，宋朝攻灭南唐的时候，白鹿洞还有学生近百人，但是宋朝没有接管，于是这所南唐的官办学校变成了私学；加之政府收走了书院的耕地，却不给它任何帮助，白鹿洞书院无法继续提供膳食，学生纷纷离去，校舍逐渐倒塌。朱熹想要在原址兴复白鹿洞书院，这个难度真不小，尤其是要把这个工程建成一个样板工程，朱熹可谓费尽了心血。综合现有史料，我们不难发现，朱熹采取的是"总体规划，分期建设"的策略。所谓"整体规划"是指着眼于长远，将白鹿洞书院建设成一个可以传世的样板。我们都知道，中国古代书院，特别是著名书院，其建筑往往都体现出独特的审美，史称"依山傍水，师法自然"。"四大书院"之一的岳麓书院依岳麓山，俯瞰湘江；嵩阳书院则地处中岳嵩山南麓，背靠峻极峰，面向双溪河。到过嵩阳书院和岳麓书院以及应天府书院的朋友想必都还记得，这三所书院的建筑都相对规整，基本上都是一个略呈长方形的院落，但是，白鹿洞书院的建筑倘若从空中鸟瞰的话，却像一个向左侧倾倒的"几"字。之所以如此规划，乃是为了"依山傍水，师法自然"。

二是"买田地，当地主"。中国封建社会的主要经济来源就是农业，所谓"士农工商"，"农"是排在"工商"前面的。大凡一个书院的开办，置学田是其首要任务，学田落实了，书院才有稳定的财源。据相关史料记载，中国最早的学田当属五代时的江州东佳书院。江州东佳书院最早叫作陈氏书堂，五代时的徐锴在《陈氏书堂记》中曾经写道："遂於居之左二十里曰东佳，因胜据奇，是卜是筑，为书楼堂庑数十间，聚书数千卷，田二十顷，以为游学之资。子弟之秀者，弱冠以上，皆就学焉。……四方游学者，自是宦成而名立，盖有之。"明代学者娄性在《白鹿洞学田记》中说："书院不可无田，无田是无院也"，"院有田则士集，而讲道者千载一时；院无田则士难以集，院随以废。院随以废，如讲道何哉？"可见学田的作用之重要。朱熹在兴复白鹿洞书院时就很注意学田的购置，认为这是维持书院的"久远之计"。他制定了购置的计划，筹集了一部分购置田地的资金，于淳熙八年，也就是公元 1181 年，购买学田八百七十亩。在朱熹的示范引导下，其后白鹿洞书院又先后三次获得了学田：一次是淳熙十年，也就是公元 1183 年，主管南康军的朱端章拨付的废寺田七百亩；一次是嘉定十四年，也就是公元 1221 年，黄桂拨付的三百亩；还有一次是咸淳年间，一个名叫刘传汉的人拨付的田产。

"书院不可无田，无田是无院也"，"院有田则士集，而讲道者千载一时；院无田则士难以集，院随以废。"

三是"搜集图书"。"书院"顾名思义必须要有书才能够成院，但是，由于种种原因，朱熹重建白鹿洞书院时，书院的藏书却少得可怜。俗话说，没有比较，就没有鉴别。我们不妨比较一下同时期的其他有名书院的藏书情况。北宋著名的四大书院除了白鹿洞书院之外，还有位于今湖南长沙的岳麓书院，位于今河南登封的嵩阳书院，位于今河南商丘的应天府书院，这几所书院的藏书我们都不必说了，且说一所不怎么有名的书院——曾任秘书监和安抚使（地方长官）等职务的南宋学者魏了翁（字鹤山）在家乡蒲江（今属四川省）建立的鹤山书院，这所名不见经传的书院竟然有书十万卷。

重建白鹿洞书院时为了搜集书籍，朱熹先是率先垂范，将自己替人撰写传记所获的谢礼品，手抄的《汉书》四十四通捐给书院，同时还向各地官府求援，征集图书。在《与黄商伯书》中，朱熹称："白鹿成，未有藏书，欲于两漕求江西诸郡文字，已有札子恳之。此前亦求之陆仓矣，度诸公必见许。然见已有数册，恐至重复。若已呈二丈，托并报陆仓，三司合力为之。已有者不别致，则易为力也。书办乞以公牒发来，当与收附，或刻之金石，以示久远计。"不仅如此，他还亲自规划创建藏书楼，其事虽未完成，但二十余年之后其志得遂，白鹿洞书院终于建起了云章阁。

正是这种不舍的追求精神以及书院建设者们的不懈努力，才直接推动了宋代书院藏书事业的不断发展。朱熹曾向民间征求图书，书名有据者仅为刘氏所赠《汉书》一部。另从《朱子大全》中还可以看到，他曾得了好几种书帖：从曹建处得到程颐《与方道辅帖》的摹本，从萝林向氏那得到邵雍"《诫子孙语》及《天道》《物理》二诗"的手书，从祁真卿处得到《尹撑帖》，从蔡廷彦、吴唐卿处得到包拯青年时代的诗。朱熹亲自书写或摹拓，书跋并刻之于石碑。

二、软件建设方面的工作

这里所说的"软件建设"主要包括以下几项内容：

一是进行相关制度建设。 具体一点说就是制定相应的规章制度。

据相关史料记载，朱熹亲自主持制定了《白鹿洞书院教条》，又名《朱子白鹿洞教条》，又称《白鹿洞书院学规》，全文不过百余字，与今天的某些动辄数千上万言的教育法规相比，似乎显得有些寒酸，但却含义丰富，具有开创性。我们不妨先看一下原文：

> 父子有亲，君臣有义，夫妇有别，长幼有序，朋友有信。
>
> 右五教之目。尧舜使契为司徒，敬敷五教，即此是也。学者学此而已。而其所以学之之序，亦有五焉。其别如左：
>
> 博学之，审问之，慎思之，明辨之，笃行之。
>
> 右为学之序。学问思辨四者所以穷理也。若夫笃行之事，则自修身以至处事接物，亦各有要。其别如左：
>
> 言忠信，行笃敬，惩忿窒欲，迁善改过。
>
> 右修身之要。
>
> 正其谊不谋其利，明其道不计其功。
>
> 右处事之要。

己所不欲勿施于人，行有不得反求诸己。

右接物之要。

宋淳熙七年　朱熹

许多"西粉"们常常提及西方的"养成教育"，殊不知，"养成教育"的鼻祖在中国。一部《论语》实际上就是"养成教育"的宝典，只不过由于时代的变迁，各个时代都有不完全相同的"养成教育"而已。

其实，《论语》开篇的那三句话"子曰：'学而时习之，不亦说乎？有朋自远方来，不亦乐乎？人不知而不愠，不亦君子乎？'"就是孔子那个时代的"养成教育"宝典。教导的是学生如何妥善地处理好与学习、与欣赏你的人以及不欣赏你的人之间的关系。而到了朱熹所在的南宋时代，面对那些时时经受着各种诱惑与考验的学子们，朱熹将孔子的经验做了一番梳理，摘出精华，用短短百余字，告诉学子们何者可为，何者不可为，何者应为，何者不应为。实在是简明扼要，值得后人学习。

这可不是笔者的一家之言。据相关史料记载，淳祐元年（公元 1241 年），宋理宗皇帝视察太学，就曾经手书《白鹿洞书院教条》赐示诸生。其后，或摹写、或刻石、或模仿，遍及全国书院及地方官学。于是，一院之"教条"，遂成天下共遵之学规。而随着中国书院制度之推广，它又东传朝鲜、日本，不仅当年奉为学规，至今尚有高校将其作为校训，可见影响既深且远。

二是延请师资。百年大计，教育为本，教育大计，教师为本。兴复白鹿洞书院后，朱熹曾先后致信延请江南西路隆兴府新建（今江西新建）人丁铁担任掌教，淮南西路庐州合肥（今安徽合肥）人吴某为职事，均未成功。朱熹只得自任洞主，自为导师，亲临执教。与他同时讲学白鹿洞书院的，尚有好友刘清之，学生林泽之、黄榦、王阮等人。可考者为曹彦约、曹彦纯、胡泳、周模、余宋杰、余琦、刘责、李辉、周仲亨、周仿、吕熠、吕炎、吕炳、吕煮、吕焕、彭方、熊兆、冯椅、周颐、陈杯、杨三益、蔡念成、吴唐卿、叶永卿、李深之、周得之等。

　　三是设立课程。今天我们常常说"四书五经"，其实，殊不知，没有白鹿洞书院，就不一定有"四书"，这又是怎么一回事呢？原来，在执教白鹿洞书院期间，朱熹把《大学》《中庸》自《礼记》中辑出，与《论语》《孟子》一起汇成"四书"，作为白鹿洞书院开设的主要课程。并说："学问须以《大学》为先，次《论语》，次《孟子》，次《中庸》。"（《朱子语类》）在朱熹看来，《大学》是为学纲目。"先通《大学》则立定纲领，其他经皆杂说在里许。"

　　可以说，朱熹在白鹿洞书院建设方面倾注了极多的心血，他曾经在一首题为《白鹿讲会次卜丈韵》中这样写道：

　　　　"宫墙芜没几经年，只有寒烟锁涧泉。结屋幸容追旧观，题名未许续遗编。青云白石聊同趣，霁月光风更别传。珍重个中无限乐，诸郎莫苦羡腾骞。"

　　有一个成语叫作"相得益彰"，用今天的话说就是很匹配。用这个成语来形容朱熹与白鹿洞书院之间的关系似乎也很合适。正因为有了朱熹，白鹿洞书院才能够起死复生，并且进而成为中国古代"四大书院"之一；而朱熹，也因为包括但不限于修复白鹿洞书院等业绩，才被更多的人所肯定。就连那位眼高于顶的康熙大帝也不得不称赞朱熹"集大成而绪千百年绝传之学，开愚蒙而立亿万世一定之规""孔、孟之后，有裨斯文者，朱子之功最为宏巨"。

「灵台无计逃神矢，风雨如磐暗故园。」在外来文化大肆入侵的时代，有人选择奋死抗争，有人选择默默地甚至有些屈辱地去用其他方法救亡图存。在保护汉民族优秀传统文化不因外来文化大肆入侵而出现断裂方面，后者与前者同样可敬。从某种意义上说，他们都是于我们这个民族有功的英雄。请看——

第五章

外族虽然入主，文化并未断层

——"师事二程，接武朱熹"的吴澄与元代书院

"吴文正"乃是一个尊称，他本名原叫吴澄，"文正"乃是死后的谥号。这个今天许多人不一定知道的人，可谓元代第一牛人，至少是元代文化界的第一牛人。

　　所谓"谥号"就是用一两个字对一个人的一生做一个概括性的评价，算是盖棺论定。谥号制度形成，传统说法是在西周早期，即《逸周书·谥法解》中提到的周公制谥。但是近代以来，王国维等根据金文考释得出的结论，谥法应当形成于西周中期的恭王、懿王阶段，这一说法后来得到广泛认同。谥号有官方与民间之分，前者叫作"正谥"，后者叫作"私谥"。谥号的选定则根据谥法，谥法规定了一些具有固定含义的字，供确定谥号时选择。一般有所谓"上、中、下"三种谥号之分，其中下谥是批评类的谥号，如："炀"表示"好内远礼"，"厉"表示"暴慢无亲""杀戮无辜"，"荒"表示"好乐怠政""外内从乱"，"幽"表示"壅遏不通"，"灵"表示"乱而不损"等；中谥则多为同情类的谥号，如："愍"表示"在国遭忧""在国逢难"，"怀"表示"慈仁短折"，"思"表示同情等；而上谥则是表扬类的谥号，如："文"表示具有"经纬天地"的才能或"道德博厚""勤学好问"的品德，"康"表示"安乐抚民"，"平"表示"布纲治纪"等。

　　在正统的知识分子那里，"文正"这样的上谥是不应该轻易授予大臣的。宋代著名学者司马光就认为"文正是谥之极美，无以复加"，因此反对授予"文正"给夏竦。作为一个臣子在上谥中最理想的，也是最高级的谥号是"文正"，没错，就是"文正"！诸君把这段话看完了，就该明白笔者为什么称吴澄老先生为元代第一牛人了。

　　这个谥号有多牛，讲个故事读者诸君可能就明白了。明朝有一个很有名的大臣叫作李东阳，此人曾经当过正德皇帝的首辅，相当于宰相，是地地道道的一人之下、万人之上的大官。据相关史料记载，在临去世前，另外一位大学士杨一清前往探望，这位原本自视甚高的首辅大人，竟然因为后者说的一句话而让人把自己从床上扶起来，向杨一清磕头致谢。李东阳为什么要向杨一清行如此大礼呢？原因不是别的，而是后者答应帮助他向皇帝争取到一个"文正"的上谥。有人为此作诗讽刺说："文正从来谥范王，如今文正却难当。大风吹倒梧桐树，自有旁人说短长。"

第一节　过目不忘的少年天才

千百年来，过目不忘一直是所有读书人的梦想，倘若能够读一遍就记住所读内容，那将会是一个多么令人神往的事情啊！但是，人们一般认为所谓的"过目不忘"就是一个传说，毕竟，人脑不是电脑。

中国古典名著《三国演义》第六十回"张永年反难杨修　庞士元议取西蜀"中，曾经记载过这样一个故事：当时的大名士杨修向张松吹嘘曹操的才华，命人从箱子里拿出曹操所著的《孟德新书》，称是曹操仿孙子十三篇而作。张松从头至尾看了一遍后大笑说："此书吾蜀中三尺小童，亦能暗诵，何为'新书'？此是战国时无名氏所作，曹丞相盗窃以为己能，止好瞒足下耳！"杨修不信，张松立刻将《孟德新书》从头至尾背诵一遍，竟无一字差错。杨修大惊说："公过目不忘，真天下奇才也！"曹操得知后迫于无奈，只好命人扯碎其书烧掉。后人有诗称赞张松说："古怪形容异，清高体貌疏。语倾三峡水，目视十行书。胆量魁西蜀，文章贯太虚。百家并诸子，一览更无余。"小说中其貌不扬的张松一目十行且过目不忘的本领让杨修佩服得五体投地，足见其厉害。但是，这只是记载在演义小说中的故事，真实的历史中并没有记载张松具有这方面的才能。

世界之大无奇不有，张松不一定真行，并不意味着没有别人真的行。本章的主人公吴澄就是一位历史上记载过的过目不忘的天才。

当然，吴澄的过目不忘是迫不得已，而非与别人争强斗胜，因为早年的他，家境并不富裕。

吴澄出身于一个十分普通的家庭。据危素《吴文正公年谱》和虞集《吴公行状》记载，其祖父吴择为人宽厚，不屑细务，擅长诗赋写作，又粗通天文星历之学。父亲吴枢性格温纯，对人诚实谦让，与世无争。吴澄的家庭用后世的话说虽然不是"贫农"，顶多也就是一个"下中农"而已，这种家庭太平年间填饱肚子应该没有任何问题，但是，要想"填饱脑袋"，而且是高质量地"填饱脑袋"，恐怕就不那么容易了，事实上也的确如此。

据《元史·吴澄传》记载，宋理宗景定二年（公元 1261 年），也就是蒙元帝国中统二年，吴澄十三岁。为了拓宽自己的知识领域，他开始想要博览诸子百家之书，这在当时是一件非常"奢侈"的事情。

为什么这么说呢？原因很简单，在现代信息技术还没有出现的当时，不要说什么"电脑阅读"或"移动阅读"了，就是连纸质的图书对于当时的许多读书人来说也都是奢侈品，因为买书是要花钱的，而许多读书人常常是"罗锅上山——前（钱）紧"，即使是一些学术大家早年也不例外。

"画荻教子"是个很励志也很无奈的典故。故事说，欧阳修虽然是宋代大文豪，但因"四岁而孤，太夫人以荻画地，教以书字"——因为父亲早亡，家不是很富裕，他的母亲郑氏只好用荻秆在沙地上写画教欧阳修读书写字。欧阳修的母亲为什么要"画荻教子"？原因只有一个，那就是《宋史》中所说的"家贫无资"——家里穷买不起书。

十三岁的吴澄可以说，遇到了与四岁时的欧阳修一样的困境，所不同的是他所要面对的困难远远大于当年的欧阳修，因为他对知识的需求量极大，依靠"画荻"——在沙土地上写字肯定是不行的。

《古文集成》是一部收录了许多古代典籍的大型丛书，吴澄对这套书可谓朝思暮想，打个不太恰当的比方，有点像后世的"果粉"们朝思暮想，想要拥有一部"爱疯"手机一样。

时有麻沙新刻《古文集成》丛书，吴澄因家贫无钱购买，又想要读这部书，思来想去，决定走不花钱读书的路径，具体一点说，就是想尽办法从售书人那里借书来读，时满一月后便按时归还。

记得清代学者袁枚专门写有《黄生借书说》一文，他在文章中写道："余幼好书，家贫难致。有张氏藏书甚富。往借，不与，归而形诸梦。其切如是。故有所览辄省记。通籍后，俸去书来，落落大满，素蟫灰丝，时蒙卷轴。然后叹借者之用心专，而少时之岁月为可惜也！"由此慨叹"书非借不能读也"，劝勉人们不要因为条件不利而止步不前，也不要因为条件优越而贪图安逸。

袁枚"幼好书，家贫难致"这一点倒是与吴澄有几分相似。不过，与袁枚相比，吴澄是幸运的，因为他遇到的不是吝啬的张氏，而是一个连名字都没有留下来的售书人。此人虽然没有留下过名字，但却爱才惜才。这个人是专门经营"麻沙本"图书的。什么是"麻沙本"图书呢？熟悉古代雕版印刷的人都知道，这是指福建建阳县西麻沙镇书坊所刻的书。由于当地盛产红犁木，这种木材质地松软，雕版省时省工，因此这个地区刻书业非常发达，所印图书，人称"麻沙本"。自宋末至明，麻沙本销遍中国，甚至远及朝鲜、日本。麻沙镇所刻印的书籍，流传甚广，吴澄呢，有点像后世的一些喜欢读书又买不起书的贫寒学生一样，经常到这位经营"麻沙本"图书的老板那里借书读。这位"麻沙本"图书老板开始时还有点小想法，觉得吴澄有点附庸风雅。有一次，忍不住问吴澄是否真的把所借的每一本书都读完了。吴澄想都没想就回答说，都读完了。见老板一副不信的样子，吴澄很是骄傲地对老板说，要不然，您抽一本书考考我。老板听了，觉得有趣，于是，随便抽了一本书，点着书中的某一页考核吴澄，后者倒背如流，让老板佩服得五体投地，当下拿出新进的一套"麻沙本"《古文集成》丛书赠送给吴澄。从此以后，远近的人几乎都知道有一个名叫吴澄的少年是一个过目不忘的神童。当然，吴澄之所以厉害，并不仅仅因为过目不忘，还因为他读书能够融会贯通，学以致用。十四岁时他前往抚州郡学参加科举考试，一战而成名。

第二节　不惧权威，缘结临汝书院

2013 年 9 月 14 日，北京国际饭店会议中心三层紫金大厅南厅，著名的艺术品拍卖公司嘉德公司正在组织一场"碑帖法书"拍卖会。拍卖品中有一部作品引发了人们的广泛关注，因为这部书法作品的书写者竟然是蒋介石，没错，就是那位曾经的风云人物蒋介石。

被拍卖的并非蒋介石自己的文字作品，而是他恭录的一位古代先哲的语录。是什么样的人物能够令自视甚高的蒋介石恭录呢？

此人姓程，名若庸，曾经当过南宋临汝书院的山长也就是校长。据相关史料记载，程若庸，字逢原，学者称徽庵先生，是徽州休宁人。早年曾经师从饶鲁、沈贵瑶，学习程朱理学，曾主讲于江西万年的斛峰书院，还曾做过湖州安定书院的山长，是朱熹门下的三传弟子。咸淳四年（公元 1268 年）进士，历任安定书院、临汝书院、武彝书院山长，学者称其为勿斋先生。

有意思的是，蒋介石除了恭录程若庸的语录之外，还曾经恭录过另外一个古代先哲的语录，这位古代先哲就是吴澄。

更有意思的是，同时被蒋介石恭录语录的两位古代先哲竟然还有很密切的关系，说得直白一点，他们竟然还是师生，而将他们联系在一起的就是书院。

前面我们已经提到过程若庸曾经出任过临汝书院的山长，而吴澄正是在程若庸担任临汝书院山长期间前往该书院读书，并且在那里与程若庸结下深厚友谊的。

说起来，这师徒二人的第一次见面还有一个很有趣的"钻牛角尖"的故事。

这又是怎么一回事呢？

话还得从宋理宗景定五年（公元 1264 年）说起。这一年的秋天，十六岁的吴澄陪同祖父前往抚州（治所在今江西临川）参加乡试，正遇上本州郡守邀请程若庸到临汝书院讲学。这可算是抚州儒学界的一件盛事了。吴澄仰慕程若庸之名，便去临汝书院拜谒。见到后者之后，一桩令许多人意想不到的事情发生了——原本是前来拜见的吴澄，竟然一开口不是什么"久仰"，而是跟这位在当时已经名满天下的大学者"咬文嚼字"起来，具体一点说，就是跟后者讨论何为"大学"。

这里所说的"大学"是应该加一个书名号的，并非 university 或 college，而是一篇论述儒家修身治国平天下思想的散文，原是《小戴礼记》第四十二篇，相传为曾子所作，其实是秦汉时的儒家作品，是中国古代讨论教育理论的重要著作。经北宋程颢、程颐竭力尊崇，南宋朱熹又作《大学章句》，最终和《中庸》《论语》《孟子》并称"四书"。宋、元以后，《大学》成为学校官定的教科书和科举考试的必读书，对中国古代教育产生了极大的影响。

作为朱熹的传人，程若庸一向认为，所谓"大学"，应当是"高明正大之学"。他认为，自孟子去世以后，"俗儒"仅仅停留于小学功夫上，记诵辞章罢了，不懂大学之道，不能体悟圣人所传的本真，这样"异端、虚无、寂灭之教"等就乘虚而入发展起来，动摇了汉代以来儒学独尊的地位。

但是，吴澄却不这么认为。却说他一见到程若庸从书院内堂走出来，立即迎上前去，开口问道："如先生壁间之书，以大学为高明正大之学，然则小学乃卑小浅陋之学乎？"如此这般，一连质疑了好几个问题。倘若是遇上别的老师，吴澄很可能会被打压，但程若庸可不是"一般"的，他是"二班"的（开句玩笑）。且说那程若庸听了吴澄的"咬文嚼字""钻牛角尖"后并没有生气，而是以平等的身份与吴澄进行讨论。其他门人觉得有些奇怪，程若庸却感慨地对吴澄说："吾处此久矣，未有如子能问者。吾有子曰存复，与子年相若，可同学为友。"从此，吴澄向程若庸执弟子之礼，经常往来于程氏之门。程先生深知这位弟子于儒学必有所成，坚信其前途不可限量，于是，邀请他来临汝书院读书。

临汝书院是南宋时期江西抚州的一所著名书院，淳祐八年（公元1248年）由时任江西提举冯去疾所建，位于抚州城西南门外。

吴澄是十六岁时才开始在临汝书院学习的，他一生都深受临汝书院的影响。

在一篇题为《送临汝书院山长黄孟安序》的文章中，吴澄曾经满怀深情地回忆在临汝书院学习的情景："予昔游处其中，有宿儒揭领于上，有时彦曳裙于下，肩相摩，踵相接，而谈道义、论文章者，彬彬也。昼之来集者如市，夜之留止者如家……临汝为弱年游处之地。"

在另外一篇名为《临汝书院重修尊经阁记》的文章中，他又一次提到临汝书院："余少时一再就书院肄业，不常处也，退而私淑于经，一句一字不敢轻忽。资凡力小，用志亦甚苦。"

吴澄还在《临汝书院重修尊经阁记》里谈到冯去疾创建书院的情况："宋淳祐戊申，冯侯去疾提举江南西路常平茶盐事，至官之日，以其先师徽国公朱先生尝除是官而不及赴，乃于抚州城外之西南，营高爽地创临汝书院，专祠文公，为学者讲道之所。"

吴澄在临汝书院是个勤于思考，有独到见解，喜欢诘难的弟子。而程若庸作为朱门弟子，其论说并不尽合于朱子之意，并没有固守门户之见。因此从某种意义上说，他拥有一定的质疑精神，这给吴澄印象极深。而吴澄的博学多识和观察敏锐使程若庸大为欣赏。两人遂成忘年之交。程若庸还把自己的儿子程存复、族子程矩夫介绍给吴澄，希望他帮助鞭策这两位同龄人。

吴澄在临汝书院读书期间与程矩夫结下了深厚友谊，程矩夫后来也成为元代著名学者和重要文臣。

吴澄在该书院还结识了许端朝等一些师友，就学名师，群处研讨，加深他的理学根底与修养，也培养了他认真读书、大胆质疑的精神。这一切对他后来的建树影响很大。

第三节　诲人不倦做教育

吴澄的一生与书院结下了不解之缘。除了不到五年的时间被迫出任元代官职之外，其余绝大多数时间差不多都花在了书院教育上。

吴澄对书院有深厚的感情和充分的了解。他本人长期以"草庐"为名从事讲学而视富贵如浮云。他的朋友，元代著名学者程钜夫曾经写诗称赞他"清时富贵亦易得，吴子甘心卧草庐"说的就是这个意思。这其中还隐含着许多故事呢。

要说吴澄其人，在很早的时候就已经很有名气了，加上他生逢乱世，正好赶上了南宋灭亡和元代兴起，和当时许多知识分子一样，吴澄并不愿意出仕新朝担任什么官职，而是对那些保持了民族气节的同时代人怀有极大的崇敬。

在一篇名为《跋文丞相与妹书》的文章中，吴澄这样写道："一代三百年有此臣，一家数十口有此女。臣不二君，女不二夫。臣尽节而死，女全节自生。不愧于天，不怍于人，可传千万世"，对于为国尽忠的文天祥等人表现出极大的敬仰。

但是，名气这东西既可以帮助人，也可能害人。且说那吴澄因为名气极大，所以从忽必烈时代开始，许多高官都想把他老人家弄到皇帝身边让后者附庸一下风雅，增加一下后者在文化方面的"颜值"。

据相关史料记载，先后有御史中丞董士选、江南行台侍御史程钜夫、集贤修撰虞集、中书平章政事张珪等人向皇帝举荐吴澄，把吴澄搞得不胜其烦。没有办法，只好虚与委蛇，多次以"黄河上冻结冰，不能成行""突然疾病发作，不能成行"等理由消极反抗，反抗未遂被迫进京后也主要在官办教育机构从事讲学活动，对于政治并不热衷。吴澄的这种心理实际上乃是当时许多知识分子的共同想法，至少表面上是如此。与吴澄同时代的赵宋皇族并出任元代大官的赵孟頫曾经在一首题为《罪出》的诗中写道："在山为远志，出山为小草。古语已云然，见事苦不早。平生独往愿，丘壑寄怀抱。图书时自娱，野性期自保。谁令堕尘网，宛转受缠绕。昔为水上鸥，今如笼中鸟。哀鸣谁复顾？毛羽日摧槁。向非亲友赠，蔬食常不饱。"只不过赵孟頫之流更多只是说说，而吴澄却将其变为实实在在的行动。

元仁宗皇庆元年（公元1312年）正月，吴澄告病辞归。他登舟赋诗，留别各位僚友，众人无不唏嘘感慨。监学官当即命令属吏及诸生数十人追至通州河上，再三恳留，吴澄执意不从。朝廷也专门遣使追留，终究未果。

吴澄不但热心从事教学活动，而且还非常热心帮助和支持别人创办书院。江西抚州原本没有什么好的书院，大德四年（公元1300年）吴澄的弟子夏友兰想要在抚州筹建鳌溪书院，吴澄"与闻其议"，亲自审阅申办书院的文书，将建书院的缘由改定为"儒者之学必先考忠信礼义廉耻，收敛此心，近而人伦日用之常，远而天地造化之运，必使秩然有当，洞然无疑。行之于身，得之于心，施之于事，无所不宜。用之于世，无所不能。其求端用力之方，在研究四书六经，初非记览无益之书，以夸博洽；雕琢无用之文，以炫华藻而已。议建书院一所，延请名师，招致士友，相与传习"，并且捐田四五百亩以赡学者。他对鳌溪书院的教育费心颇多，曾多次亲笔为书院山长作品集撰写序文。书院尽管受官方约束，但还是较多保留了自由讲学的风气。由于书院离吴澄故里很近，这里自然也就成了草庐学派的活动场所。

正是吴澄的影响，他的弟子们也普遍热衷于书院的教学，像长期陪伴吴澄游学的虞集，创办了邵庵书院，并撰写了一些关于各地书院的文献稿。虞槃、张鉴、包希鲁等弟子也先后担任相关书院的山长。

《元人文集珍本丛刊》第四辑之《吴文正公集》收录了吴澄所写的一组题为《勉学首尾吟》（四首）的诗，这四首诗这样写道：

一

三十年前好用功，男儿何者为英雄？

世间有事皆当做，天下无坚不可攻；

万里行程由足下，一毫非莫入心胸。

拳拳相勉无他意，三十年前好用功。

二

三十年前好用功，日间莫只恁从容。

养成骄习皆因富，蹉过流光只为慵；

人不修为何异兽，蛇能变化即成龙。

拳拳相勉无他意，三十年前好用功。

三

三十年前好用功，为师不过发其蒙。

十分底蕴从人说，百倍功夫自己充；

旧学要加新学养，今朝不与昨朝同。

拳拳相勉无他意，三十年前好用功。

四

三十年前好用功，过时学力强求通。

从头莫枉青春日，丱角俄成白头翁；

既冠当除婴孺态，居今贵有古人风。

拳拳相勉无他意，三十年前好用功。

字里行间充满对包括但不限于书院教育在内的教书育人的热爱。

纵观吴澄的一生，可谓多姿多彩、多灾多难。在那个特殊的年代，他虽然没有像文天祥那样"取义成仁"，但也没有像同时代的某些汉族知识分子那样热衷于步入外族人建立的新朝，而是选择了文化救亡的道路。这一点从某种意义上说，倒是与忍辱负重抚育"赵氏孤儿"的程婴有异曲同工之处。正是在包括但不限于像他这样的汉族知识分子的努力下，华夏文化才没有因为朝代的更迭而出现断裂。在保存华夏文化绵延不绝的过程中，吴澄与书院都立下了不朽的功勋。

著名学者梁启超先生一向眼高于顶，但对一个人却赞赏不已。在一篇文章中，梁启超这样写道：「他在近代学术界中，极具伟大，军事上、政治上，多有很大的勋业；他是一位豪杰之士，他的学术像打药针一般令人兴奋，所以能做五百年道学结束，吐很大光芒。」此人是谁？请看——

第六章

王阳明与明代书院的那些事

王阳明，本名王守仁，汉族，小时候叫王云，字伯安，别号阳明。浙江绍兴府余姚县（今属宁波余姚）人，因曾筑室于会稽山阳明洞，自号阳明子，学者称之为阳明先生，亦称王阳明。王阳明的一生可谓多姿多彩，我们将撷取他多姿多彩一生中的几朵浪花，重点谈谈他与书院的那些事。

第一节　以道化人，创龙岗书院

清代著名学者赵翼曾经慨叹："国家不幸诗家幸，赋到沧桑句便工。"这句诗从一个侧面形象地说明了任何事物都有相反相成的两个方面，现实生活中这样的例子可谓比比皆是。

明武宗正德元年，也就是公元 1506 年，对于王阳明来说，应该是一个不幸的年份，但对于遥远的大明西南边陲贵州龙场驿那个地方的老百姓，特别是莘莘学子来说，却是幸运的。

这一年，不幸的王阳明像唐代大诗人韩愈那样"一封朝奏九重天，夕贬潮州路八千"，从繁华的北京城被流放前往贵州"龙场驿"，从北京到贵州"龙场驿"虽然没有八千里，但直线距离也将近两千五百里。

韩愈是因为谏迎佛骨而被贬谪的，那么，王阳明又是因为什么而被贬谪的呢？

王阳明的被贬，同样是因为他写了一篇文章，这篇文章不是《谏迎佛骨表》，而是《乞宥言官去权奸以章圣德疏》。他为什么要写这样一篇文章呢？这话还得从大明王朝的皇帝更替说起。

原来，上一年的五月初七，明朝第九位皇帝，孝宗朱祐樘因偶染风寒，误服药物，鼻血大流不止而死，享年三十六岁。在明朝历任皇帝中，朱祐樘是一个难得一见的好皇帝，曾经参修《穆宗实录》的明代史学家李维桢这样称赞他："体貌大臣，开广言路，节用爱人，休息乎无为。近者歌讴而乐之，远者竭蹶而趋之。德泽上昭天，下漏泉。至于今父老称弘治之盛，虽汉文、宋仁，何以加焉！"他的逝世是大明百姓的不幸，更是大明文人官僚集团的不幸，因为他的继承人正德皇帝朱厚照既不正也无德，至少在当时的一般大臣的心目中是如此。

上任后不久，正德皇帝就一反老爸的作为，大肆任用宦官，因此引发了外廷文官集团的强烈反弹。

如果当时的大明文官集团能够知晓世界大局的话，他们会惊奇地发现，就在欧洲，此前一年，也就是公元 1505 年，波兰议会竟然通过宪法，规定未经议会同意，国王无权颁布法律。真是人比人，气死人！这人和人之间的差别咋就这么大呢？！

虽然不知道欧洲的情况，但是仅凭任用宦官这件事，当时的文官集团就已经忍无可忍了。于是，包括一个名叫戴铣的南京给事中在内的二十一名文官上疏给皇帝，请求驱逐宦官，请回已经愤然辞职的两名大学士刘健和谢迁。当时，正德皇帝在宦官刘瑾等人的教唆下，已经与文官集团撕破了脸。戴铣等人此举，除了招致皇帝的震怒之外，没有任何效果。而刘瑾当时正想杀人立威，于是对戴铣施以廷杖酷刑，将其打死于杖下。另外一个参加上疏的文官蒋钦被廷杖三天后也因伤重不治死于狱中。直到这个时候，仍然没有王阳明什么事，要是他不出头管闲事的话。

但是，王阳明确实是一个爱管闲事的人。见到戴铣等人的悲惨结局，王阳明写了一封奏书给皇帝，这封奏疏就是我们前面提到的《乞宥言官去权奸以章圣德疏》。应该说，这篇文章在遣词造句上还是非常谨慎的，今天看来不过是一篇委婉劝谏的奏疏而已，可能连王阳明本人都没有想到，这却招来了刘瑾等人的巨大反弹。以往许多人一写到或说到这里，马上就跳过去，没有问一下，为什么这样一篇措辞温和的文章会给王阳明带来巨大的麻烦呢？要知道，虽然后来很有名，但在当时，王阳明还真的称不上是什么重量级的大人物。

仔细研究了相关史料之后，我的结论是，刘瑾当时之所以那么恨王阳明，是因为他"乱管闲事"，或者说"不在其位，却谋其政"，同时，也不排除他想"杀鸡给猴看"的可能。

我们不妨看一下与王阳明同时上书的其他几个人：陈寿，时任监察院右副都御史；陈琳，时任监察院监察御史；王良臣，时任监察院监察御史。这些人出身不同，履历不同，但有一点却是相同的，那就是，他们都拥有"御史"头衔，负有上疏言事之责。用一句比较直白的话说，他们拿朝廷的工资，干的就是上疏言事这样的事。而王阳明的职务却是兵部主事，这个职务是兵部司官中最低的一级，秩正六品，岗位职责是"掌章奏文移及缮写诸事"。用今天的话说，大致相当于兵部办公厅的文秘，顶多是秘书长，干的是抄写文件的活，并无上书进谏的责任。

没有上书进谏之责的人都出来嚷嚷了，我估计这种做法把刘瑾给惹毛了。在刘瑾看来，陈寿、陈琳喷我，王良臣骂我，也就罢了，你个兵部办公厅文秘跟着凑什么热闹，既然你想凑热闹，我就给你来个狠的，先打你四十大板再说。就这样，王阳明稀里糊涂的就被按到地上打了四十廷杖。

其实，这并不是王阳明第一次管闲事。俗话说，"性格决定命运"，王阳明的性格中不乏"爱管闲事"的因子。

早在王阳明十五岁的时候，明朝境内发生了石英、王勇叛乱，刚刚骑马游历长城的王阳明就曾经想要上书朝廷，谈谈自己的平叛策略，只不过被他的父亲王华给制止了。为此，王阳明还赋诗曰："卷甲归来马伏波，早年兵法鬓毛皤。云埋铜柱雷轰折，六字题文尚不磨。"三十二岁那年，他因病居住在钱塘西湖，听闻有一个禅僧已经坐关三年，不语不视，王阳明又去多管闲事，问那和尚"这和尚终日口巴巴说甚么！终日眼睁睁看甚么！"和尚听了，不由得惊起，开口说话。王阳明问他家还有什么亲人？和尚回答说："有母在。"王阳明问他："起念否？"回答说："不能不起。"于是，王阳明立即劝说那个和尚还俗。相比以往，这次这个闲事管得有点大了，所以，不管愿不愿意，他都得离开京师。

此后一段时间，他的行踪充满诡异甚至矛盾之处。简单说来，他先是在钱塘江边制造了一起"投江自尽"的假象，然后又想要隐姓埋名，远走他乡。这看起来一点也不高大上的举动还是那个大家都很熟悉的王阳明吗？

这的确是一个很好玩的问题。

我的回答是，当然是！

因为真实的王阳明从来都不是一个循规蹈矩的人。尤其是青少年时期，他干过许多不靠谱的事情。其中最不靠谱的就是结婚的当天，到了需要他出面与新娘子一起拜堂时，人们却突然发现，找不到他的人了。难道是不满意这门亲事，想要逃婚吗？当然不是。难道是中间有人作梗，想要"截和"吗？当然也不是。

说起来让一般人跌破眼镜的是，我们这位新郎官竟然把结婚拜堂这件事给忘了。忘了的原因并不是许多狗血桥段所想象的那样，是因为刻苦攻读，报效朝廷，而是因为他遇到一个老道，二人就养生长寿一事展开了热烈讨论，不知不觉之间，一夜就过去了。还有一次，他的老师问他，人生第一等事情是什么？按照当时的标准答案，应该是"惟读书登第耳"；而他却回答说："登第恐未为第一等事，或读书学圣贤耳。"弄得老爸都笑话他说："汝欲做圣贤耶？"

那么，真的有所谓的"钱塘江追杀"吗？我的结论是：莫须有。

也许是许多人都有一种喜听传奇的心理吧，因此，他们都对刘瑾派人追杀王阳明深信不疑。这个故事最早应该见于《明史纪事本末》，该书在

"刘瑾用事"一条下有如下记载:"(王阳明)既谪后,(刘)瑾使人伺之途,将置之死。守仁至钱塘,虑不免,乃乘夜佯为投江,而浮冠履水上。"

《明史纪事本末》成书于《明史》之前,而且并非官方认定的史书,而在官方认可的《明史》中,却并没有相关记载。《明史》在谈到这段历史时是这样写的:"正德元年冬,刘瑾逮南京给事中御史戴铣等二十余人。守仁抗章救,瑾怒,廷杖四十,谪贵州龙场驿丞。"按照所谓"正邪不两立"的传统,倘若大坏蛋刘瑾真的对伟大先哲王阳明有过赶尽杀绝的恶行的话,卷数在二十四史中仅次于《宋史》,但修纂时间之长、用力之勤却大大超过了以前诸史的《明史》怎么会放过这么好的素材呢?而且,从常理推断,刘瑾倘若真的必欲置之死地而后快,可以有无数种方法弄死王阳明,何必一定要到钱塘江畔才下手呢?所以,我本人严重怀疑是否真有所谓的"钱塘江追杀"。

尽管我本人对于所谓的"钱塘江追杀"持怀疑态度,但王阳明想在流放途中"玩蒸发"却是不争的事实。据相关史料记载,在流放途中,王阳明曾经想要前往福建,而且实际上已经到了福建,期间还留下了"虎不敢食"的传说。

这个故事说的是王阳明从钱塘江入海,辗转到了福建,进入一座山,想要到一座庙里借宿,被庙里的和尚拒绝,没办法,只好到不远处的一座已经废弃了的野庙休息。晚上,野庙的方向不断传来老虎的吼声,庙里的和尚都以为王阳明必死无疑,等着拣点"洋落"呢,谁知道,第二天早晨前去野庙,却见到王阳明仍然在庙里呼呼大睡。这些和尚大吃一惊,认为王阳明并非常人,连山中之王老虎都不敢动他。

这期间,王阳明还遇到了一个老熟人。谁啊?就是那个在他成亲之日与他话养生之道的传奇人物。二人相见,交谈甚欢。问起下一步的打算,王阳明说,他将远遁他乡,隐姓埋名,了此残生。那个故人听了连连摇头说:"汝有亲在,万一瑾怒逮尔父,诬以北走胡,南走粤,何以应之?"王阳明听了，如梦方醒，算了一卦，得"明夷"——此卦主卜问艰难之事则利，这才决定返回江苏，先去拜见时任南京兵部尚书的父亲，然后立即上路，前往贵州。临行前题诗于壁间曰："险夷原不滞胸中，何异浮云过太空？夜静海涛三万里，月明飞锡下天风。"

就这样，一路犹犹豫豫，整整走了差不多一年，王阳明才从北京来到了贵州，来到了他的贬谪之地，龙场驿。

说起来在没有来龙场驿以前，王阳明就已经开始授徒讲学了，只不过当时许多人都以为他立异好名，只有一个名叫湛若水的人，认为他是在干一件大事业。

龙场驿在大明朝的众多驿站中实在是小得不能再小，偏僻得不能再偏，王阳明为什么能够在这里悟道呢？这的确是一个问题，而且还是一个好问题。

我对这个问题的看法可以用两句话来概括，一是此前的积累，二是前往龙场驿途中的遭遇。

所谓"此前的积累"是指王阳明一直在苦苦思索悟道的问题。据相关史料记载，此前他曾经面对一丛竹子，一连七天七夜不眠不休，这就是中国哲学史上有名的"格竹子"事件。尽管"格竹子"没有能够悟出道来，但却从一个侧面说明了王阳明对于悟道的执着，只有"众里寻他千百度"，才有可能发现"那人却在灯火阑珊处"。所谓前往龙场驿途中的遭遇，就是我们上面讲述的那几个故事。其中"钱塘江诈死"不管真假，都从一个侧面反映了在处理与他人关系时，王阳明是充分发挥自己的主观能动性的；而途中遇虎，则从另一个侧面反映了在处理与自然界动物关系时，王阳明也同样充分发挥了自己的主观能动性，所谓"我命由我不由天"说的就是这个意思。

就在被贬到龙场驿不久，王阳明遇到了一个同是天涯沦落人的同类，可惜的是，这个同样被贬的小官却不幸去世了。怀着一种复杂的情感，王阳明安葬了这位不知名的小官，并且挥笔写下了一篇文章。这篇文章就是被收入《古文观止》的《瘗旅文》。这篇文章是观察这个时期王阳明心境的重要参考。《瘗旅文》总体基调是悲凉的，但是，在悲凉之中却有一些并不仅仅是悲哀的东西。在《瘗旅文》中，王阳明写道："达观随寓兮莫必予宫。魂兮魂兮无悲以恫！"这个并不仅仅是悲哀的东西究竟是什么呢？我觉得可能就是一种内在的精神力量的支撑，也就是对如何妥善地处理人与自我之间关系的一种良性思考。通过这种良性思考无疑会进一步增强王阳明"以道化人"的使命感。正是基于这种使命感，王阳明才能够因陋就简，创办龙岗书院。

初到龙场时，王阳明居无处所，曾在一个天然溶洞内埋头玩味《易经》，该洞因而得名"玩易窝"。尔后移居龙岗山，初期居住在草庵，简陋而不避风雨。龙岗山腰天生有一洞，当地土民称之为东洞，颇为宽敞明亮。自王阳明在此栖身后，被改称为"阳明小洞天"，俗称"阳明洞"——这个"洞"套用《道德经》中的话可是"非常洞"，因为它还与中国近代史上一位赫赫有名的大人物有联系。西安事变后，爱国将军张学良曾经被国民党反动派囚禁在这里。蒋介石的用意，大概是想让张学良学王阳明，在此"悟"道。张学良一直被关押到抗战胜利前夕，才被转移到桐梓，之后被辗转押解到台湾。阳明洞王文成公祠配殿至今仍有张学良将军蜡像，当然，这都是题外的话了。

却说那阳明洞洞顶时有滴水，当地土人悯其阴湿，又慕王阳明之为人，群起劳作，伐木结茅，在洞口右下方为王阳明建起房屋。王阳明以"君子居之，何陋之有"，名其屋为"何陋轩"，并作《何陋轩记》。不久，在洞口左上方修建一小亭，四周栽种绿竹。王阳明以竹子具有"君子之德"，故将亭子命名为"君子亭"，并且作《君子亭记》以记之。在此基础上，王阳明创建了龙岗书院。

也许是有感于王阳明的道德文章吧，当地逐渐有一些年轻人前来向他讨教学问，于是，龙岗书院开始进入人们的视野。这个书院可能确实很是简陋，但却确实存在过。这不仅是黔中地区的第一所书院，而且也是王阳明本人创办的第一所书院。清代光绪二年（公元 1876 年）修文知县李崇峻重修龙岗书院，并且撰文称："黔中之有书院，自龙岗始也；龙岗之有书院，自王阳明先生始也。"

龙岗书院的创办，至少具有以下几点意义：一是开了在最最不发达地区举办书院的先河。根据有关专家的统计，明代各省的书院数平均大约为一百零三所，其中直隶、河南、山西、陕西、甘肃、辽东、山东、湖南、广西、云南、贵州、四川等十二个省区，属于明代书院的不发达地区，而陕西、甘肃、辽东、贵州四省的书院皆在平均数的一半以下，属于最不发达的地区。在陕、甘、辽、贵四省中，贵州又属于最最不发达的省份，在最最不发达的省份兴建书院，龙岗书院确实具有很强的示范意义。二是增加了边疆少数民族地区老百姓对国家和中华文明的认同。三是传播先进文化的有益探索。

第二节　破心中贼与赣南六书院

正德十三年，也就是公元 1518 年正月，王阳明写信给一个名叫薛侃的门人，提出了一个著名论断。这个论断就是"破山中之贼易，破心中之贼难"。这句话饱含了王阳明四十七年的人生思考，更是他担任朝廷方面大员，主掌一方军政要务的最大感悟。

王阳明是正德十一年，也就是公元 1516 年被任命为"都察院左都金御史，巡抚南、赣、汀、樟等处地方提督军务"职务的。左都金御史属于正四品，低于从三品，高于从四品，相当于现在中央部委中的正厅局级职务，在当时是一个不大不小的官职。而"巡抚南、赣、汀、樟等处地方提督军务"，也就是我们通常所说的南赣巡抚，属于中央派驻地方的特派官员。该职务最早设于明孝宗弘治八年，也就是公元 1495 年，辖区屡屡有所变化，但其所管辖的地方一直不离江西、福建一带。在王阳明所生活的那个时代，南赣绝不是什么好地方。从正德六年（公元 1511 年）开始，那个地方就开始闹盗贼，朝廷多次派兵镇压，并没有取得预期效果，反倒是折损了一个"省部级干部"江西按察司副使周宪。其后数年间，南赣盗贼与朝廷玩起了拉锯战的游戏。为了剿灭盗贼，朝廷先后派了右都御史陶琰、巡抚应天都御史王缜以及总制江西都御史俞谏等人率兵平乱，但是，效果都不理想。

王阳明到了南赣之后，立刻着手，采取步步为营的方式，将贼人围在了山中，然后又做了一件至今仍然充满争议的事情。那就是对于匪首先诱降，然后杀降。

王阳明莅任后，视匪首池仲容为"数千年巨寇，三省群盗祸根"，他一方面统调两广、福建、江西诸省兵力，对池仲容起义军进行围剿，一方面施诈招安，瓦解起义军斗志。通过在今天看来有点不那么光彩的手段利用叛徒把池仲容诱骗到赣州城，并且大摆筵席，麻痹对方，然后采用了后世影视剧里常见的"桥段"摔杯为号，命人将池仲容及其几十个亲信当场斩杀。

王阳明为什么要杀降呢？要知道，中国古代虽然没有所谓"缴枪不杀"的口号，但在许多人的心目中却都是认为"杀降不祥"的，而且也有相关史料做支撑，不妨举上几个例子：

"纸上谈兵"是大家都很熟悉的一个历史典故。这个典故说的是，公元前 262 年，秦国与赵国在长平展开一场生死对决，赵国军队的统帅赵括缺乏实际统领军队指挥打仗的经验，导致赵国军队大败亏输。令人感到震惊的是，秦国打了胜仗之后，其统兵将领白起却命手下将赵国降卒四十万全部坑杀，只留下二百四十个年纪小的士兵回赵国报信。白起可谓是最早的杀降将领。也许是天网恢恢，疏而不漏吧，几年以后，报应来了。白起与权臣范雎交恶，范雎在秦昭王面前进谗言，于是昭王派使者拿了宝剑，令白起自杀。白起伏剑自刎时说："我何罪于天而至此哉？"良久，又说：

"我固当死。长平之战，赵卒降者数十万人，我诈而尽坑之，是足以死。"

"使李将军，遇高皇帝，万户侯何足道哉！"这是南宋词人刘克庄咏叹西汉名将李广的两句词。词写得挺好，但历史是不能够假设的，就算可以假设，我估计李广也不一定会被封侯，理由有很多，其中很重要的一点就是他和白起一样，都犯下过"杀降"的严重错误。据相关史料记载，李广对于自己不能封侯百思不得其解，苦恼之余曾请教一个叫王朔的算命先生。听完了李广的诉说后，王朔问道，将军您反躬自问一下，有没有干过后悔的事情呢？李广承认，曾经在一天之内用欺诈手段把业已投降的八百羌人统统杀了，这是他引以为耻的事情。王朔就指出："祸莫大于杀已降，此乃将军所以不得侯者也。"

常遇春是朱元璋手下第一猛将，此人勇武绝伦，对上忠心、对下爱护，一生为将从未败北！但有一个毛病，爱杀降！公元1359年，朱元璋与陈友谅在池州作战，常遇春任先锋。他在九华山设伏，一举攻克池州，俘虏陈友谅降卒三千余人。面对这批降卒，徐达建议上报朱元璋后定夺。常遇春当时没表态，却在当晚徐达并不知情的情况下，将这三千降卒坑杀，只留了几个活口给陈友谅送信，还放出狠话："人是我常遇春杀的，有本事来找我。"或许是经常杀降甚至屠城的缘故，常遇春后来暴病卒于军中，年仅四十岁。

这样的例子还有很多，作为一个熟读史书的饱学之士，王阳明不可能不知道"杀降"的害处，那他为什么还要把已经投降的池仲容等人杀掉呢？

这个问题我百思不得其解，究其原因，可能是王阳明对于传统道德潜规则的蔑视。王阳明从来都不是一个循规蹈矩的人。所谓"礼岂为我辈所设"虽然不是他说的，但却是他所信奉的。如果他是一个萧规曹随的人，也不会有解构乃至颠覆传统理学的"心学"问世。

由于综合采取了包括但不限于制订"十家牌法"、编练民兵等举措，他很快就平定了南赣地区的叛乱。但王阳明毕竟不是一般的人，他深知，

杀人只是治标，教人才是治本。

为了治本，他双管齐下，一方面制订乡规民约，一方面加大教化的力度，开始把精力投放到兴办教育上。这个时期，他一连建设了六所书院。有人说，如果说贬谪龙场造就了中国哲学史上的王阳明，南、赣、汀、漳巡抚的任命则造就了中国政治史上的王阳明，而我则认为，南赣平叛之后的举措还造就了中国教育史上的王阳明。

在赣州期间，他先后修建或复建了六所书院，其中新建的义泉、正蒙、富安、镇宁、龙池五所书院为社学性质，以教民化俗为主，修复的濂溪书院则以传播其心学为要。

这一点，倒是与曾国藩有类似之处。

据相关史料记载，在率部攻下太平天国都城天京（南京）以后，曾国藩在百废待兴的情况下，亲自主持了对钟山书院、尊经书院、惜阴书院等几所书院的建设工作。

此时的王阳明对于书院的作用有了进一步的理解，在《训蒙大意示教读刘伯颂等》一文中他写道："今教童子者，当以孝悌忠信、礼义廉耻为专。"

看了王阳明与南赣书院之间的关系，不由得想起了西汉初年汉高祖刘邦与大臣陆贾之间的一段很有名的对话。据相关史料记载，陆贾经常向刘邦讲述《诗经》和《尚书》，搞得刘邦很不爽，就骂他说："老子的天下是从马上得来的，要这些书做什么？！"陆贾不慌不忙地回答说："天下是从马上得来的，这没错，但您想过没有，从马上得来的天下能否仍然可以在马上治理呢？遍观古今，商汤周武取天下时和坐天下时是完全不同的，所谓'逆取顺守'说的就是这个意思，文武并用，才是长久之术啊！"

陆贾与刘邦的这段对话，给予我们许多启发。打江山与坐江山的确是两件不完全相同，甚至是完全不同的事情，因为前者更多的是破坏，而后者更多的则是建设。

有些人经常问一个问题："打天下与坐天下哪个更难？"这两者其实

没有多大可比性，因为他们并不在一个平面上，只能说各有各的难处。同样的道理，"文化"与"武功"也是各有各的用处，二者一个都不能少，对于国家是如此，对于王阳明个人来说也是如此。古人云"能战方能言和"，国家是如此，个人也是如此。在文武泾渭分明，文化与武功常常分裂的情况下，一身兼有文武两种本领的王阳明在率兵平定叛乱之后，大力发展文教事业，确实是一个高明而又切实的可行之举。

问题是，"马下治天下"的选项有很多，王阳明为什么选中了教化呢？换句话说，"教化"与"心中之贼"有何关系？"教化"真的能够去掉"心中之贼"吗？

要回答这个问题，我想和大家分享一个唐太宗放死囚回家过年的故事。故事说的是贞观六年（公元633年）十二月，唐太宗视察京城监狱，发现其中有三百九十个死刑犯，因为马上就要过年了，而这些人的被执行日期则是在第二年秋季。于是，他作出了一个非常大胆的决定，那就是放这些人回家过年，并与他们约定，明年秋季被执行以前要一个也不少地返回就死。用今天的话说，就是把一拨死刑犯假释，又不派遣警察看管，这一举措，不仅令我和我的小伙伴们都惊呆了，估计就是当时的大伙伴和老伙伴们可能也都惊得合不上嘴！唐太宗本人不愧是千古一帝，释放这些人的时候还与他们约定相互不辜负，所谓"朕不负卿，卿亦不负朕"说的就是这个事。

对于唐太宗放死囚回家过年一事，虽然有欧阳修等人持批评态度，但事实胜于雄辩，其后的历史表明，那三百九十名死刑犯最后一个不少地按期回来向官府报到，所以大诗人白居易才在《新乐府》诗中极力称赞说"怨女三千放出宫，死囚四百来归狱"。

有意思的是唐太宗并非第一个纵囚的君王，也不是最后一个。清代著名学者赵翼著有《陔余丛考》，其中有一篇叫《纵囚不始于唐太宗》，在这篇文章中，赵翼共列举后汉、晋、南北朝、隋、唐、宋、元、明正史和笔记中所记载的官吏、皇帝纵囚之事共二十余条，其中皇帝纵囚的，还有元世祖忽必烈。据《元史·世祖本纪》记载："至元十年五月，诏天下狱囚，除杀人者待报，其余概行疏放，限八月内如期自至大都。后果如期至，遂赦之，共二十二人。"相比唐太宗，元世祖忽必烈就"小气"多了，杀人者不纵，非死罪者，虽然都回来，赦免的也不过二十二人。这个考证也从另外一个侧面证明想要通过教化手段达成武力难以达成的目的乃是许多聪明帝王和官吏们的一致追求。

王阳明虽然不是皇帝，但他通过教化确保不安定地区的长治久安却确实是一个远见卓识之举。兴办书院，既是为了去除别人的"心中之贼"，也是为了去除自己的"心中之贼"。下面这个故事很能够说明一些问题。这个故事说的是，在任南赣巡抚期间，王阳明的社会影响迅速扩大，四方学者辐辏。有一天，王阳明设酒食慰劳濂溪书院的学生，对他们说："以此相报。"濂溪书院的学生不解，问其缘故，王阳明回答说："我处理政务的时候，每逢遇到赏罚，常常担心有愧于诸君，所以不敢不小心，诸君可谓我的畏友啊！"从这段话我们不难看出，王阳明是将书院学生视作畏友，帮助他去除有可能存在的"心中之贼"的。

第三节　逆境中的"突围"之所

明武宗正德十四年（公元 1519 年），宁王朱宸濠在南昌发动了一场叛乱。整个有明一代，共出现过四次藩王反叛中央政府的战役，第一次是燕王朱棣的"靖难之役"；第二次是汉王朱高煦的"高煦之乱"；第三次是安化王朱寘鐇叛乱；第四次，也是最后一次就是宁王朱宸濠的"宁王之乱"。"宁王之乱"的原因很复杂，既有宁王自身的原因，也有宁王以外的原因，要追溯这一原因，还得从第一代宁王朱权说起。

朱权乃是明太祖朱元璋的第十七子，自小就表现出过人的聪慧，长大以后，被分封到大宁。该地地处喜峰口外，属古会州之地，东连辽左，西接宣府，为一大镇。朱权带有甲兵八万，战车六千，所属朵颜三卫骑兵均骁勇善战。朱权多次会合诸王出塞作战，以善于谋略著称。可就是这样一位善于谋略的亲王论起心计也远不是燕王朱棣的对手。在那场著名的"靖难之役"中，他被朱棣用计谋夺走了所部兵权，并被裹挟于靖难军中没少为朱棣出力。靖难结束后，朱棣把自己曾经对朱权许下的"平分天下"的诺言抛到脑后，甚至连一个好一点的封地都不给。本来朱权想要苏州作封地，被朱棣以苏州地近南京为由拒绝了。朱权退而求其次，想要求钱塘时，燕王则说："先父将它赐给五弟，终无结果。建文帝无道，在钱塘封其弟为王，也未能享受。建宁、重庆、荆州、东昌都是好地，你随意选择吧。"最后，宁王莫名其妙地被封到了南昌。

所以，从某种意义上说，燕王朱棣的后人们是对不起宁王的后人们的，尽管当时的人们不一定这么看，但至少宁王的后代们却是一直这么认为的。朝廷可能也在心里认为有些理不直气不壮（用今天的话说就是有点"原罪感"），所以，对于历代宁王在南昌的所作所为往往也都是采取睁一只眼闭一只眼的态度，只要他们闹腾得不大，就视而不见、听而不闻了，这在无形中也助长了宁王的不臣之心。

这种不臣之心到了正德十四年（公元 1519 年）终于到了一个临界点。这一年的六月十四日，宁王朱宸濠兴兵，杀巡抚孙燧、江西按察副使许逵，以李士实、刘养正为左、右丞相，以王纶为兵部尚书，集众号称十万，并发檄各地，指斥朝廷。七月初，又以其部将守南昌，自率舟师蔽江东下，略九江、破南康，出江西，率领舟师攻安庆，欲取南京。当时的朝廷几乎束手无策。这时，驻守在丰城的赣南巡抚王阳明迅速赶到吉安，果断决策，调集军队，采取"围魏救赵"之计，直捣叛军老巢南昌。朱宸濠闻讯，急忙回师救援。王阳明与叛军大战鄱阳湖，仅用了四十三天时间，就大败叛军，在南昌附近生擒朱宸濠。

在任何时代，帮助朝廷剿灭叛乱都是极大的功劳，但吊诡的是，平叛功臣王阳明平定叛乱后却处于一个非常尴尬的境地之中，因为他遇上了一个百年不遇的君主，用今天的话说就是遇到了一个奇葩。这个奇葩就是明武宗朱厚照，他居然让王阳明把好不容易抓到的宁王朱宸濠放了，然后由他再来重新抓一次。

这种独特的"爱好"让王阳明左右为难，放吧，挑战的是传统准则，不放吧，挑战的是皇帝的权威，最后，双方各退了一步，走了一个形式，做了一个样子。王阳明以为这样做就谁都不得罪了，其实完全不是那么回事。

建立了不世之功的王阳明当时至少面临五路"围困"：

一是皇帝。虽然最应该感谢王阳明的就是皇帝，因为按照经典的"攘外先必安内"的处世准则，王阳明立下的可是一个无与伦比的功劳。如果是一般的皇帝，肯定感激王阳明还来不及，但我们前面已经说了，明武宗朱厚照并不是一般的皇帝。此人酷爱领兵打仗，甚至到了常人不可思议的程度，为了满足这一独特爱好，他曾经化名为"朱寿"（绝对是真的，并非笔者八卦），自己任命自己为总兵，每打一次仗，给自己升一次官，搞得大臣们非常头痛。有一个大臣忍无可忍，上疏正告他说，如果这样的话，总有一天朱寿会自己篡夺自己的江山。就是这样一个奇葩，当王阳明没有满足他再玩一次"官兵捉贼"游戏的要求时，肯定会对王阳明心怀不满的，换句话说，他要是对王阳明满意那才奇怪了。

其二是佞臣们。这些人没有什么原则，一切以皇帝的个人喜好为依归，王阳明对于他们从来都不假以辞色。据相关史料记载，平定宁王叛乱之后，皇帝专门派了一个锦衣卫官员前往王阳明处公干，此人满心以为捞钱的机会来了，谁曾想，王阳明只给了他五两银子。这对于一向飞扬跋扈的锦衣卫来说，简直就是一个奇耻大辱！虽然王阳明专门接见了他，而且还说要在回京以后写文章称赞他，但白纸黑字毕竟比不上白花花的银子，所以，包括但不限于锦衣卫在内的佞臣们肯定会对王阳明心怀不满的。

其三是武将们。"文死谏，武死战"，领兵打仗本来是武将们的强项，谁料想读书人出身的王阳明竟然率领一群"乌合之众",用很短的时间就平定了藩王之乱,这让那些赳赳武夫情何以堪?所以,那些嫉妒心很强的武人肯定会对王阳明心怀不满的。

其四是文臣。大明朝的文臣们除了极个别的以外,一般都是要嘴皮子的,领兵打仗而且善于打仗的文臣一向被视为异类。"土木堡之变"后的于谦虽然有抵御外族入侵之功,最后也竟然不得善终,就是一个明证。从这个意义上说,一般的文臣们肯定会对王阳明心怀不满的。

其五是一般的读书人。当时的读书人经过长时间的"洗脑"已经对以朱熹为代表的"理学"深信不疑,对于王阳明大力倡导的"动口又动手"的"心学"肯定是心怀不满的,因为这样的话等于从根本上否定了他们一直奉为金科玉律的东西。

公元1519年以后的王阳明从某种意义上说,虽然平定了宁王之乱,但却面临着"五路大军的包围"。如果不想坐以待毙的话,他就必须想方设法"突围"。

要突围,就要有自己的"练兵场"和"嫡系部队"。稽山书院和万松书院就成了他的练兵场,而包括但不限于这些书院所培养出来的弟子则成了他突出重围的最得力的"嫡系部队"。

这两所书院分别建于绍兴和杭州,用今天的话加以表述的话,一所属于地市级书院,一所属于省级书院,创建者都不是王阳明本人,当时主持书院的人分别采取不同的方式或请王阳明前往讲学,或者延请王阳明为书院撰写重修碑记以便帮助王阳明"突围"。

王阳明的"突围",主要体现在了他的相关讲学和相关文章之中。这其中又以直接与所谓的"六经"(除了传统的"五经"之外,又加了一个早就存在但一直为许多人所忽视的《乐经》)进行对话让人耳目为之一新。他将"六经"拆分开来,认为《易经》不过是记我们内心阴阳盛衰的;《尚书》不过是记我们心中的纪纲政事的;《诗经》不过是记我们心中歌咏性情的;

《礼记》不过是记我们心中体统仪节的;《乐》这部经不过是记我们心中欣喜和平的;《春秋》不过是记我们心中真假邪正的。这种解释只有王阳明敢做,也只有王阳明能做。有意思的是,这些话竟然出自一篇题为《尊经阁记》的文章中。这在传统的儒家之徒看来,可能真的有些离经叛道,今天看来,也颇有一点"黑色幽默"的味道。

但是,这个主张却具有划时代的意义。

这不由得让人想起了德国的马丁·路德和闵采尔。在欧洲中世纪时,教会腐败成风,许多教职人员为了满足自己的私欲,竟然向信徒们出售"赎罪券",声称只要向神职人员支付了金钱,购买了"赎罪券",就可以"对冲"与生俱来的罪恶。出于信仰,许多信徒尽管并不富裕,但都慷慨解囊。此种现象延续了许多年,直到一个名叫马丁·路德的人出现,才有所改变。1517 年 10 月 31 日,马丁·路德写成《九十五条论纲》并将其粘贴在德国维滕堡城堡教堂大门上,斥责教皇的无耻行径,并由此引发对现在都具有深远影响的宗教改革运动。马丁·路德认为,人只要虔诚信仰上帝,因信而称义,死后灵魂就可得救,"既然已经认识上帝的意思,就不需要问别人",也不需要由教士举行仪式。

从某种意义上说,王阳明就是中国古代的马丁·路德,他最伟大的地方就是绕开或者说抛弃了"六经"以后的所有中间环节(儒家也不需要"教皇"和"神父"!),对于所有人,无论多么有名,都采取了一种质疑甚至批判的态度。为了增强自己学说的可信性和可理解性,他还讲了一个故事。这个故事说的是,有一个富裕人家,积攒下万贯家财,担心自己的子孙们忘记了有什么宝贝,专门做了一个小册子,详细记载下所有内容,并把这个册子留给了子孙;又担心子孙不能够记住,还专门培养了一批人对那个小册子所记载的内容做解释。遗憾的是,子孙们由于种种原因往往不是直接与祖上留下的珍宝面对面,反倒屡屡求助于他人,让他们帮助解读"财宝册子",而一些穷人或乞丐则趁火打劫,曲解"册子"的记载。王阳明就此慨叹说："呜呼！六经之学，其不明于世，非一朝一夕之故矣。尚功利，崇邪说，是谓乱经；习训诂，传记诵，没溺于浅闻小见，以涂天下之耳目，是谓侮经；侈淫辞，竞诡辩，饰奸心盗行，逐世垄断，而犹自以为通经，是谓贼经。若是者，是并其所谓记籍者，而割裂弃之矣，宁复知所以为尊经也乎？"

"乱经""侮经""贼经"这些标签可是够邪乎的！

问题是"乱经""侮经""贼经"者究竟是谁？联系理学门徒对王阳明不遗余力的攻击，答案肯定是不言自明的，那就是朱熹及其门徒。有意思的是，稽山书院原本是南宋时为纪念朱熹而建，现在却成了质疑乃至批评朱熹的场所。王阳明果然是不做则已，一做就不留任何余地，这一点倒是与他领兵作战颇有几分相像之处。王阳明的高明之处就在于，他并不否定六经，而是否定后人对于六经的解释，这就使得他一下子就直接站在了与孔子以后所有人齐平的起跑线上。

第四节　桃李天下，道传千年

公元 1529 年 1 月 9 日，染病已久的王阳明从梅岭乘船返回南安时不幸逝世。临终前，身边人问他有何遗言，他微笑着回答说："此心光明，亦复何言？"顷之，瞑目而逝。尽管有一位非常有名的先哲在死前的最后一句话是"没说够的傻瓜才有临终遗言"，但是，不能否认，还是有一些人，一些历史名人在临终时是留下过遗言的。这些遗言有的很有意思，比如金圣叹临终时说的"花生米与豆干同嚼，有火腿的滋味"；有的则很不可以理解，比如林则徐临终大呼的"星斗南"究竟有什么暗示？这直到今天仍然没有一个大家都认可的答案。

王阳明的这则临终遗言究竟是什么意思呢？我们是不是可以这样理解：王阳明认为自己已经说得够多的了，不想再说什么了，或者是认为世上之人理解也好，不理解也罢，已经不屑于再说什么了。王阳明自己不想说下去，但他的学说，或者说，至少是以他的名字命名的"王学"（又叫"心学"）却流传下来，而且一直长盛不衰，这又是为什么呢？

由此，不由得想到了两位古代名人：张居正与曾国藩。这两个人随便哪一个都绝对是当时的顶尖人物，他们都曾经进行过力所能及的改革。撇去改革的具体内容，仅仅就他们死后的改革事业而言却有相当大的不同。张居正乃是人亡政息的典型，没有去世之前，他可谓"一人之下，万人之上"，要风有风，要雨有雨，饮食起居之奢华，可谓空前绝后。他所进行的改革，确实抓住了明朝的弊病，但一旦去世之后，尸骨未寒，就被皇帝下旨查抄家产，亲生儿子也被迫自杀。明末大臣瞿式耜曾经写诗慨叹张居正说"江陵相业故非常，身后凄凉行路伤"。而曾国藩则在死后备享殊荣，后代子孙享受到无数的荣华富贵，这是为什么呢？

原因非常简单，因为曾国藩深谙一个道理，那就是"做大事以找替手为先"。在很早的时候，他就选定了李鸿章做自己的接班人。正因为有了李鸿章做接班人，所以，虽然曾国藩在包括"天津教案"等重大事务中并无让上上下下全都满意的表现，但却并没有重蹈张居正的厄运和覆辙。

其实，放眼中国历史，人们为什么那么推崇汉、唐，而轻视秦、隋，除了其他原因之外，与前两者立国时间相对较长，后两者立国时间相对较短可能也不无关系。

王阳明的思想之所以能够流传至今，很重要的一点可能也与他的接班人或者说与他的弟子们不遗余力的推介有很大的关系。当然，这些所谓的"王学门人"所传的是不是真的"王学"那又另当别论。

王阳明一生弟子甚多，据相关专家考证，仅仅有姓有名的阳明弟子就达四百一十余人。黄宗羲在《明儒学案》中按区域的不同把阳明后学分为浙中、江右、南中、楚中、北方、闽粤等六派，再加上独特的泰州学派，共列七门。这些不同的门派对于传播所谓的"王学"都做出了自己不同的贡献，其中最有意思的当推泰州学派的王艮。

王艮其人，一生一直特立独行。第一次与王阳明见面时，他的穿着打扮非常怪异。据史料记载，他穿着奇装异服，戴着一顶纸糊的帽子，手里还拿着笏板。放在今天这打扮也不出奇，但在当时，就算是引领时代潮流了。这一点上倒是与孔子的大弟子子路第一次去见孔子的时候有些类似。而且王艮第一次与王阳明见面时也并没有直接就要拜师，其后又在京城和其他许多地方屡屡惹事，搞得王阳明很被动。在从学王门期间，他既"反复推难、曲尽端委"，又"不拘泥传注""因循师说"，而是坚持独立思考，有疑即问、即辩。

王艮没有辜负老师，正是他将王学发扬光大，并且促使王学迈出了历史性的一步，那就是从高高的殿堂走向民间。这一点又使得他与禅宗的开山祖师有相近之处。更有意思的是，与禅宗一样，以王艮为代表的泰州学派也是更注重当面口传心授，不重视文字写作。禅宗当年不立文字，促使佛教在中国得到了前所未有的流传，因为他消解了文字这道"门槛"，使得更多的大字不识一个的劳苦大众能够不需要借助文字就能够直接进入佛教的殿堂。同样的道理，王艮也是不借助文字而传播王阳明的相关思想的。这项工作听起来容易，做起来很难。在传播王学的过程中，书院发挥了极其重要的作用。

从嘉靖四年（公元1525年）开始，王艮开始了一轮"巡回讲演"，先后会讲于广德复初书院、泰州安定书院、金陵新泉书院等处。嘉靖七年（公元1528年），王阳明病逝，王艮迎丧至桐庐。次年十一月，怀有强烈使命感的王艮邀集王门弟子会集于会稽，并在阳明书院聚讲，订立盟约。

江苏泰州流传一句话，叫作"王心斋讲《大学》，日停三刻"。"王心斋"就是王艮，这句俗语说的是王艮在泰州讲学的故事。据相关史料记载，王艮在定居泰州安丰开门授徒的同时，也常到金陵、会稽、徐州、镇江等地，与王门弟子切磋交流，学术地位不断提高，其"百姓日用即道"及"百姓日用之学"得到广泛传播，甚至官府士绅亦主动前来拜师求学。同时，王艮还利用傍晚空闲时间向下层人民宣讲"百姓日用即道"理论。讲学时"男女奔忙，填街塞巷"，听者不觉时间之长。王艮不喜著述，以讲学传道为己任，阐发以尊身立本为主旨的"格物说"和具有社会改良思想的"王道论"，直到嘉靖十九年（公元1541年）十二月病重去世，仍据榻讲学不辍。同时，身体力行为国为民谋利益，先后两次请赈，解救淮扬饥民，并为乡民制订乡规民约，使乡俗为之一变；拟定"均分草荡议"，既稳定了灶户的生产和生活，又增加了国库收入。

王艮自二十五岁四客山东过阙里，谒孔、孟、颜、曾诸庙后有任道之志，从此，便步入了读书修身、讲学传道、躬行践履的人生道路，直至病逝。

他读《孝经》后，见父亲早起赴官家劳役急取冷水洗脸，深以不得服劳役为痛，便主动请求代父服役。三十二岁时，盐场官民遇难事向他请教，他为之经划不爽毫发。三十七岁时，武宗南巡驻跸扬州，遣嬖幸佛太监、神总兵，沿海视猎场、索鹰犬，百姓骚动。王艮为解百姓之忧，亲自往见"神佛"，冒死与其展开说理斗争，终于使之罢猎，避免了一场祸害。其后，王艮虽出行讲学，常年奔走在外，但他始终心系百姓日用。

四十一岁时，王艮在会稽侍学于王阳明门下，当他得知淮扬大饥，便设法从真州故友王商人处贷米二千石归赈。对饥病不能行走的灾民作粥糜给食，煮汤药调剂，并亲自前往说服巡抚进一步发赈，使许多灾民免于饿死。五十三岁家乡再次遭灾，族家子弟至除夕多不举火。王艮令其子取出家中仅有粮食救济灾民，并趁相关御史视察之机请求赈济。在他感召下，不但该御史慨然发赈，东台富户卢氏亦再次出豆麦一千石施赈。王艮晚年虽体弱多病，但在孜孜讲学的同时，仍极为关注乡民疾苦。时安丰盐场灶产不均，贫者多失业，奏请摊平几十年不决。他会同运佐王公和州守陈公竭心经划，均之而事定，使民乐业。又应御史洪觉山之请，制订乡规民约令有司推行，使乡俗为之一变，等等。这些同百姓日用紧密联系的实践活动，充分体现了王艮虽为"草莽匹夫",而"尧舜君民之心"却未尝一日忘。

　　著名诗人臧克家先生曾经这样写道："有的人死了,他还活着",这话说得很有哲理。王阳明其实就是这样的人。梁启超曾经这样评价王阳明:"在近代学术界中,极具伟大,军事上、政治上,多有很大的勋业。"蔡元培先生也认为"明之中叶王阳明出,中兴陆学,而思想界之气象又一新焉"。王阳明之所以能够成为王阳明,龙场悟道乃是关键,龙岗书院则是"抓手"和平台。正是因为有了王阳明,那个原来默默无闻的小地方才成为许多人心目中的圣地。同样,正因为有了龙场,王阳明才能够"破门而出",开创出一个新的天地。日本学者冈田武彦认为:"修文的龙场是王阳明大彻大悟并形成思想体系的圣地。阳明学最有东方文化的特点,它简易朴实,不仅便于学习掌握,而且易于实践执行。在人类这个大家庭里,不分种族,不分老幼,都能理解和实践阳明的良知之学。"这话说得还是有些道理的。

随着互联网的发达，许多奇谈怪论打着『新发现』的旗号，招摇过市，不断挑战着人们认知的底线，不断摧毁社会的公序良俗，甚至将所谓的『质疑』的目光投向岳飞岳武穆！还有人将所谓的『质疑』的目光投向了另外一个历史人物。仿佛早有预感，早在一百多年前，一个名叫左宗棠的历史名人，挥笔写下了这样的文字：『附公者不皆君子，间公者必是小人！』是谁竟然获得左宗棠如此的力挺？！

请看——

第七章

林则徐与书院的那些事

微信扫一扫
获取本章视频

第一节　缘定初生——林则徐与鳌峰书院

今天的福建，历史上至少有两所鳌峰书院，一所遗址坐落于福建省南平市建阳区莒口镇焦岚村，另外一所则坐落于福建省福州市鼓楼区鳌峰坊；前者原本是唐代右散骑常侍熊秘所建的私塾，后者则是一所在当时面向福建全省招生的名校。清仁宗嘉庆三年，也就是公元1798年，伟大的爱国者，后来的虎门销烟英雄林则徐来到后一所鳌峰书院就读。

"鳌峰"在中国古代除了指"江海中的岛屿"之外，还有一个意思是指"翰林院"，也就是古代读书人最向往的工作场所。鳌峰书院虽然不是翰林院，但也不是谁想进就能够进得去的。据相关史料记载，在林则徐投考的时代，鳌峰书院每年的招生名额不过一百四十人，但报考人数却常常多达五六千人，鼎盛时期录取比例竟然达43∶1，这个录取比例和今天的公务员考试都有的一拼。

也许有朋友会忍不住要提问了，既然这么难考，林则徐为什么还非要来这所书院读书呢？要知道，在清代，福州可是有所谓的"四大书院"的。这话问得似乎有一定道理，但却忽略了一个"时间差"。福州有四大书院不假，但另外三所的建立时间却均晚于鳌峰书院，至少在林则徐投考的哪一年，另外三所书院，也就是凤池书院、正谊书院和致用书院还都没有建立，最早的凤池书院也是到了嘉庆二十二年，也就是公元1817年才建立的，换句话说，当时的福州可是只有鳌峰书院一家著名，而别无"分店"的。

在古代，进入书院读书的，往往以成年人居多，有些学生甚至年过花甲，那么，林则徐进鳌峰书院读书时有多大呢？笔者可以很负责地告诉你，只有十四岁。没错，的确是只有十四岁。十四岁在乡镇一级的书院或者是县里主办的书院读书不算什么，但是，能够到省会书院，而且是省会城市当时最好的一所书院，一所需要考试才能够入学的书院读书，这可不是谁都能够做到的。但林则徐却做到了。

也许有朋友又忍不住要提问了，既然这么难考，换一所不就行了吗？这个问题是一个好问题。但是，鳌峰书院却确实是林则徐的重要选项，甚至是唯一的选项，因为他与鳌峰书院有着某种不解之缘。

这又是怎么一回事呢？

要回答这个问题，还得从他的名字谈起。林则徐有许多名字，比如说元抚，比如说少穆，比如说石麟，等等，但那都是表字。他的父亲为什么给他取一个"则徐"的名字呢？林则徐还有一个哥哥一个弟弟，前者叫林鸣鹤，后者叫林霈霖，很明显，林则徐的老爸在给儿子取名时并没有按照当时的通行做法。古人给孩子取名一般需要遵守以下规则：一是以有排行含义的字起名，如三国时夏侯渊的五个儿子，长子名和，字伯权；次子名霸，字仲权；三子名称，字叔权；四子名威，字季权；少子名惠，字稚权。二是二名沿用一字起名，如曾国藩、曾国荃，李鸿章、李瀚章。三是单名沿用偏旁（或字头）起名，如东汉荀淑之的儿子荀昱、荀昙，都是"日"字头，三国时刘表的儿子刘琦、刘琮，都以带"王"字偏旁的字起名。

林则徐的大哥和三弟为什么叫"鸣鹤"和"霈霖"我们并不知道，相关史料也没有记载，但是，林则徐之所以叫"则徐"据说是与一个人有关。这个人叫徐嗣曾，曾经当过福建巡抚，据说曾经在林则徐出生的时候给林则徐"站过岗"。

什么，我没听错吧？有朋友忍不住可能又要提问了，林则徐出生时他们家可是地地道道的平民啊，甚至穷得只剩下几间破房子了，一个堂堂的省部级领导，怎么会给一个一无所有的苦孩子"站岗"呢？这又是怎么一回事呢？

这话还得从徐嗣曾的一次出巡说起。公元 1785 年 8 月 30 日，时任福建巡抚的徐嗣曾外出巡查，突遇大雨。手下人举目四顾，发现只有不远处的一所茅屋可以避雨，于是，赶紧随着徐嗣曾来到那所茅屋的屋檐下。就在随从想要敲门进屋的时候，屋内突然传出新生婴儿的啼哭之声，很明显是有妇女正在生小孩。徐嗣曾虽然贵为一省最高首长，但一个大男人这个时候也不好去打扰一个产妇，于是，只能在屋檐下避雨。就在这个时候，这家的男主人从外边回来了，此人不是别人，正是林宾日。林宾日是谁啊？林则徐他爹啊！

说到这里，有些朋友可能就想明白了，或者说猜出来了：屋里刚刚出生的那个孩子不是别人，正是本章的主角林则徐。当然，那个时候，刚刚出生的林家二公子还没有取名，身为教书先生的林家爸爸见到一省最高行政长官竟然宁可在屋檐下避雨，也不愿进屋扰民，不禁非常感动；身为读书人的他，也早就听说了徐嗣曾勤政爱民的事迹。在与巡抚大人寒暄的时候，一个念头涌上心头：自己正在为如何给孩子取个有意义的名字而苦恼，今天这事应该是天意，何不就给自己的孩子取名"则徐"，也就是以勤政爱民的徐嗣曾为准则与榜样呢？！还有比这个更合适的名字吗？！于是，林家二公子并没有像大哥林鸣鹤那样，以"鹤"，或以"鸣"为名，而是另辟蹊径，有了"则徐"这个名字。也正因此，接着出生的林家三公子也获得了一个独立的名字"霈霖"，这在中国古代是不多见的。要知道，林家爸爸虽然不是进士出身，但至少也是有一定文化基础的，用一句著名的小品台词来说，那可是"有身份证的人"。要不是二公子出生时有这样一个插曲，估计林则徐的名字很可能是叫"林鸣某"，或者"林某鹤"的，当然，这些都是后话了。

讲到这里，有朋友可能忍不住又要提问题了：就算你说的对，可是，林则徐进入鳌峰书院读书又与徐嗣曾有什么关系呢？这个问题提得好。徐嗣曾的确与进入鳌峰书院读书时的林则徐没有什么关系，甚至早在林则徐前往鳌峰书院读书之前他就已经离开人世、与世长辞了，但徐嗣曾却是林则徐前往鳌峰书院读书的重要动力之所在。

这话又是什么意思呢？要了解这番话，还得从一个人说起。这个人姓孟，孟子的孟，名字叫超然，连起来读就是孟超然，对，是孟超然，不是"孟浩然"。此人虽然没有唐朝大诗人孟浩然那么有名气，但在清代，至少在福建地区，却是一个很有性格和品格的人物。

孟超然生于清雍正九年，也就是公元 1731 年，他的爸爸不过是一个衙署杂役，用后来的话说就是一个听差，但是，孟超然本人却自幼颖敏勤学，十六岁就考中了秀才，二十八岁中举人，二十九岁中进士，在当时算得上是一个大器早成的人才了。与其他人相比，孟超然还有一点特立独行之处，那就是四十二岁那年就辞官不做，回归乡里。这在那个时代是非常罕见的，因为在当时，虽然有所谓的"致仕"，也就是今天人们常说的"退休"制度，但是，四十岁刚过就辞官归隐的却的确是凤毛麟角！正因如此，时任福建巡抚的徐嗣曾屡次上门拜访，三顾茅庐，聘请孟超然出任鳌峰书院山长，也就是校长。

在中国古代，有些人盛名之下其实难副，但是，孟超然却不是这样的人。此人可谓品学兼优，德才兼备。据相关史料记载，闽南地区有一个亿万富豪犯罪入狱，四处寻求解脱之道，想请知名度极高的孟超然帮他一把，并且说，愿意奉上白银十万两作为酬谢。

当时一两白银大约相当于现在二百六十七元人民币，十万两白银差不多相当于近三千万人民币了，要是换了一般人，难免不动心。但是，孟超然毕竟不是一般人，听了那个中间人开出的条件之后，他慢慢起身来到厅前，仰天长叹道：难道我近来有什么不好的行为被诸位发现了吗？！为什么这类语言会传到我的耳中呢？！这简直是对我人格的巨大侮辱！于是，他怒斥那个说情者，愣是将那笔近三千万人民币的巨款拒之门外。

也许有人说了，拒绝一个商人的诱惑也许还算容易，如果遇到比自己地位高的人呢？孟超然也能够满腔正气吗？你还别说，孟超然这人还真的"混不懔"，只要被他发现不干好事，不管你是商人，还是高高在上的上人，一概制止，绝不拖泥带水。即使是上面的人，他都会想方设法让干坏事的人干不成坏事。

据相关史料记载，有一次，孟超然去四川督学，发现该省总督贪污受贿很严重。适逢总督过生日，这位大人广发请帖，想要借机大捞一把——这在当时乃是约定俗成的惯例。孟超然时任吏部郎中，跟总督之间可差了好几级呢，换作其他人，肯定不敢将这个胡须，但是孟超然毕竟不是一般的，他是"二班"的。

为了制止总督胡来，他眉头一皱，计上心来，决定先礼后兵，先写了一副楹联相赠祝贺，以示君子之交淡如水。总督本就是一个只认银子不懂风雅的人，见了孟超然的楹联之后，很不高兴，说了很难听的话不予接受。孟超然故作糊涂，对手下人说："总督大人是不是怪我没有署名啊？我是堂堂的吏部郎中，在楹联以自己的职衔落款，这可以了吧？"于是，又写了一幅贺联，署上官名之后再命人送去，但是，总督大人仍然不肯接受。孟超然彻底明白了，敢情人家这是嫌不实惠啊。

既然你不仁，那就别怪我不义了。于是，总督过生日这天，孟超然很早就来到总督衙署。到了之后，他搬了一把椅子坐在大门口。总督手下的官员们络绎而至，其中携带礼品、礼金者不计其数。孟超然一见到这些人就马上拦住说："总督大人一向清廉，不收礼品。我是从京城吏部来的京官，送一幅贺联尚且不收，何况你们是他的下属，怎么会收你们的礼物呢？！"

他还严肃地对这些人说："你们中间倘若有谁想要借机馈赠礼品给总督大人，行贿拉关系，我回京后一定向吏部揭发检举。"结果，送礼者都被孟超然堵了回去。总督自然懊丧，可蜀中官民却为之大快。

孟超然的故事还有很多。这样一位富贵不能淫，威武不能屈的学者担任山长，也就是校长的书院，自然会令一身正气的林则徐向往和敬仰。经过一番拼搏，过五关斩六将之后，林则徐终于如愿以偿进入鳌峰书院读书，其时是公元 1798 年。

在鳌峰书院读书期间，林则徐做到了三个"兼顾"。一是读书为主，兼顾经商。进入书院读书已经不容易，要在书院坚持读下去更难，因为当时的林家常常没有隔夜之粮。为了补贴家用，林则徐主要做了三件事。第一件事是开办"顺风快递"兼当"讨债先生"——那时他家里还很穷，全家生活主要靠父亲林宾日教书和母亲陈帙制作手工工艺品贩卖来维持，为减轻家庭的经济负担，也为了避免母亲与姐妹们抛头露面，林则徐每天到书院上学时，都要先将母亲和姐妹们所剪制的手工工艺品拿到店铺寄卖，晚上放学，再到店里收取货款回来交给母亲。第二件事是赢取奖学金补贴家用。清代的书院普遍设有"膏火钱"，林则徐在书院里，加倍刻苦学习，因成绩优秀，经常得"膏火钱"奖励贴补家用。第三件事是充当"课外辅导员"，利用读书之余辅导有钱人家小孩读书，赚几个钱贴补家用。

二是读书为主，兼顾交友。唐代大诗人王勃在他那篇有名的散文《滕王阁序》中曾经写道："穷且益坚，不坠青云之志。"进入鳌峰书院并且坚持读书的林则徐自然不会放弃任何一个机会，刻苦攻读。在书院他广交好友，得互相切磋学问之益，先后结识了梁章钜、廖鸿荃、杨庆琛、沈廷槐等同学。

三是备战科举考试为主，兼顾经世致用学问。在学习科举考试所必需知识的同时，他开始关心如何学以致用，读书期间著有《云左山房杂录》，将诸子百家一同兼收并蓄。正是包括但不限于这类读书活动，使得林则徐能够在考中进士，进入官场之后在处理政事时能够得心应手。

对于在鳌峰书院的这段学习经历，林则徐终生念念不忘。鳌峰书院教过他的老师郑光策逝世以后，林则徐时刻不忘接济"福州太平桥郑师母"。这位"郑师母"不是别人，正是恩师郑光策的遗孀。

第二节　品格砥砺：一副楹联，一字之师

清仁宗嘉庆十六年，也就是公元1811年，林则徐会试中选，赐进士，被任命为翰林院庶吉士。所谓"庶吉士"是皇帝的近臣，主要工作是为皇帝起草诏书，为皇帝讲解经籍等，是内阁辅臣的重要来源之一，著名政治家张居正、曾国藩，著名教育家蔡元培等都担任过这个职务。其后，他又

先后出任过翰林院编修，国史馆协修，江西、云南的正副考官，江南道监察御史等，其后更是出任云贵总督乃至两广总督。一向以经世致用自诩的林则徐步入官场之后，又与书院再续前缘，并且留下过很多佳话。

限于篇幅，笔者主要想与读者朋友一起分享两个故事，这两个故事可以用两个"一"来加以概括。

第一个"一"是"一副楹联"的故事。

这个故事与"震川书院"有关。震川书院坐落于上海市嘉定区，是为纪念明代人归有光而建立的。这所书院有一副纪念归有光的楹联，上联是"儒术岂虚谈，水利书成，功在三江宜血食"，下联是"经师偏晚达，专家论定，狂如七子也心降"，楹联的作者不是别人，正是本章的主人公林则徐。林则徐是道光十四年，也就是公元1834年，专程来到震川书院参观的。为什么专程来这所书院？要知道，当时江苏有很多书院，仅嘉定就有好几所，有的书院名气比震川书院大得多，林则徐为什么偏偏要来这里呢？有人说，是因为这所书院是奉皇帝之命修建的，林则徐专程前来是想给皇帝留个好印象，因为当时的皇帝道光是个"光粉"——归有光的粉丝。这话不能说没有一点道理，但是并不全面。没错，归有光的文章确实写得好，他所写的《项脊轩志》曾经被编入多种版本的高中语文课本。他本人虽然并没有被列入明代文学流派"后七子"之列，但却受到后者的追捧。"后七子"之一的王世贞就曾经亲自撰写文章纪念归有光。

但林则徐毕竟不是闲得无聊的"文青"文学爱好者，他欣赏的不仅是作为文学家的归有光，更是作为水利专家的归有光，廉洁刚正的归有光。据相关史料记载，归有光还是一个很有见识的水利学家，他所写的《三吴水利录》等曾经给包括但不限于海瑞海青天等人在内的地方官以灵感。在担任地方官期间，他廉洁奉公、勤政爱民，在《长兴县编审告示》中他曾经公开宣布："当职谬寄百里之命，止知奉朝廷法令，以抚养小民；不敢阿意上官，以求保荐，是非毁誉，置之度外，不恤也。"在知长兴的短短两年中，归有光颇具政绩，深受百姓拥戴。

古人说，"嘤其鸣矣，求其友声"。林则徐一生有很多熟人，但与他关系较密切的当属潘锡恩。之所以与后者关系最亲近，并不仅因为与他是同榜进士，更因为后者还是一位一心为民的水利专家，主持治（黄）河工程，不仅有治河方面的奏疏，而且还写过《畿辅水利》等专著。所以，就像同榜进士上百人，单独只与一心为民的水利专家潘锡恩亲近一样，林则徐在百忙之中拨冗前往震川书院主要还是因为归有光乃是他精神上的战友与同志，是治水与做人方面的伟大先行者与楷模。

而纵观林则徐的一生，除了主持禁烟之外，最值得一提的其实就是水利方面的建树，他以两"戴"之身参与治水的事迹更是令人肃然起敬。这是怎么一回事呢？

首先，我们先来看第一"戴"之身。这第一"戴"之身是指以"戴孝之身"治水。这话还得从公元1824年说起。这一年的闰七月十七日，林则徐的母亲不幸去世，林则徐辞官回乡丁母忧。但是，南河高家堰十三堡决口尚未堵住，湖水尽泄，急需堵口蓄水，以利灌溉。举朝上下，只有林则徐能够啃下这块硬骨头，皇帝下旨，让他"夺情起复"。这是一个可以执行，也可以不执行的命令，因为在中国古代，历朝历代都讲究"以孝治天下"，为父母守孝乃是第一等大事。明代的内阁首辅张居正就是因为在老爸去世后没有及时回家守孝，后来被人攻击时成了比天还大的罪名。所以，倘若林则徐不接受朝廷指令，估计皇帝也拿他没办法。但是，考虑到水患危害下的老百姓，林则徐不计较个人声誉，以"戴孝"之身前往协助治水。

两"戴"之身的另外一"戴"是指以"戴罪之身"参与治水。却说1841年，第一次鸦片战争失败之后，力主禁烟的林则徐被昏聩的朝廷推出当替罪羊，被判流放新疆，途径扬州仪征时传来消息，说是河南出了水患。用人朝前，不用人朝后的朝廷此时又想起了林则徐，竟然很不要脸地要求他留下协助治水。此时，倘若换了别人，恐怕会讲点价钱，至少是腹诽一下，但是，他仍然不计个人得失，到祥符河工工地"效力"——积极襄助当地官员办理堵口工程。次年三月下旬，祥符河水患治理完毕，参与的官员都加官晋爵，只有他仍被发配新疆问罪，还是以"戴罪之身"前往新疆服苦役，而他本人则毫无怨言。从林则徐身上，我们看到了什么叫作"苟利国家生死以，岂因福祸趋避之"。这一点与归有光是有许多相似之处的！正因如此，所以，林则徐才会在百忙中前往震川书院参观访问。

说完了震川书院，我们再来说说"一字之师"的故事。这个故事与钟秀书院有关。

这是一所位于云南的书院。钟秀书院原本叫作"金莲书院"。"金莲书院"是怎么变成"钟秀书院"的呢？这里面说起来还有一段故事，这个故事也与林则徐有关。

话说公元1847年，时任云贵总督的林则徐巡视滇南，路过江川，到县城北郊"金莲书院"视察，问起"金莲书院"得名的由来，当听到当地官员说金莲书院曾经遭遇大火，现在的金莲书院系火后重建时，发话说应该取一个新名字。

时任江川知县刘绍高急忙站起深揖施礼说："请大帅赐名，也好为书院增色。"

林则徐想了想问："书院东侧那座小山叫什么名字？"刘绍高答道："名叫'钟秀'。"林则徐说："书院在钟秀山侧，不如就叫钟秀吧。"于是挽袖挥笔，蘸墨疾书"钟秀书院"四个大字。

几个月以后，林则徐再次路过江川，看到自己题写的匾额已经被悬挂在书院的大门口，但是，"钟秀书院"的最后一个字，也就是"院"字的最后一笔却似乎被别人改动过。

林则徐看后，不解地问知县："这'院'字的最后一笔似乎不是我写的原迹，是谁改写的？"刘知县一时惊慌失措，难以回答。在场文武官员，个个面面相觑，瞠目结舌，谁也不敢吭气。

旁边有一个总督衙门的官员，因为前次向知县索取非分礼银未遂，便借机报复，上前说道："据小的听说，这事是知县刘绍高做的。他以为自己书法超群绝伦，擅自涂改大帅墨宝，藐视大帅，目空一切，请大帅下令惩罚他！"林则徐听了不禁把脸一沉，骂道："放肆！"周围的人听了，不由得一惊，以为这位知县很可能要遭殃了。只听到"啪"的一声，有人挨了一个耳光，众人定睛一看，挨打的却是刚才告状的那个总督衙门官员。

就在众人不知所以然的时候，林则徐却转身莫测高深地问刘知县道："真的是你改的吗？"刘知县惊恐万状，跪下回禀道："确实是小人所为，万望大帅海涵！"众人听了又是一惊。林则徐凝视知县片刻，突然又以手拍案，展颜笑道："改得很好。你这一改，使'院'字变得端庄秀丽，比原先有气势多了。我不工于大字，你帮我修改这是保全我的面子呀。"刘知县这才如释重负，转忧为喜。在场文武官员，无不被林则徐礼贤下士的精神深深感动。

说到这里，可能有朋友忍不住又要问了，林则徐的书法究竟怎么样？是不是真的不行？

还真不是！

林则徐虽然不是什么书法家，但他的字还是写得不错的，他的同年（同科进士）程恩泽曾称赞他："君昔解褐衣，书名倾一时。书自柳颜入，自将堂堂旗。"只不过，尺有所短，寸有所长，相比于大字，他更擅长于小楷。与他同时代的学者金安清在《林文忠公传》中说他"尤长小楷，为世所重"。在官大一品压死人的封建社会，林则徐能够宽容手下一个七品芝麻官修改自己的墨宝，这份胸襟不是所有人都有的，什么叫"海纳百川，有容乃大"？看看下面这个故事两相对比，就会有更深的理解。

与林则徐相比，康熙皇帝的格局就显得有些小了。当时有一个知名人物名叫高士奇，这个人之所以官运亨通，很重要的一个原因就是能够在各种场合帮助皇帝补台。据说，有一次康熙登泰山，素来喜欢到处题字的他本想根据《论语》中所说的"孔子登泰山而小天下"的寓意题写"而小天下"的匾额，谁知一落笔就将"而"上的一横给写低了，这可怎么办！一直寻找机会溜须的高士奇马上跳出来提示说："陛下您是不是想要题写'一览皆小’这四个字啊？”康熙皇帝听了就坡下驴，顺手题写了这四个字，才避免丢人现眼。还有一次康熙南巡到杭州，想给杭州灵隐寺题写匾额，一上来就将“靈（灵）”的“雨”字头写得太大，下面难以续写了，又是高士奇书伪装磨墨，写“雲（云）林”于掌心以示，这才救了驾。

我们不妨设想一下，倘若高士奇当众指出康熙皇帝的错误，或者擅自修改康熙皇帝的御笔，会是一个什么下场，估计很可能身首分离，脑袋搬家，往好了说，也会官职不保。

第三节　禁烟大本营：一次考试，三所书院

说完了“一字之师”，我们再来说说“一次特殊的考试”的故事。这个故事与广州的三所书院有关，这三所书院分别是越华书院、粤秀书院和羊城书院。清道光十九年，也就是公元 1839 年 6 月 15 日，钦差大臣林则徐聚集数百名学生，举行了一场前所未有的特殊考试——“观风试”。堂堂的钦差大臣放着那么多的事情不去做，为什么要躲到一所书院里面来主持一场特殊的考试呢？了解这段历史的朋友肯定知道，这实在是不得已而为之，没有办法的办法。

原来，当地的某些官员已经被鸦片贩子所收买，不可能从他们那里了解到鸦片在当地的实际贩卖情况，说得难听一点，林则徐当时几乎是两眼一抹黑。

在一群充满铜臭味的当地人中间，林则徐认为，只有涉世未深的书院学生相对比较值得信任。于是，他只好亲自出面，当上了出题老师，给前来参加考试的人出了几道“考题”。这些题目实际是有关鸦片问题的“问卷调查”，具体包括鸦片囤积大户的姓名所在、零星贩户，以及官吏不法贪赃等情况。为了打消考生的顾虑，考试采取匿名答卷，卷子由考生亲手交给林则徐本人的方式进行。同时，为了防止走漏消息，派兵对考场进行严格封锁，等考生交完答卷之后，则由林则徐的亲密战友邓廷桢亲自带人，

按图索骥，前去抓捕，"一时奸猾无得脱者，人皆诧为神明而服其整暇"。

可以说，正是有了这次特殊的"考试"，林则徐才能够在查禁鸦片的过程中下好先手棋，打好主动仗。

在本章中，我们讲述了林则徐与书院的许多故事。透过这些故事。我们不难发现，书院与林则徐有着某种不解之缘，不仅是他经世致用理念的奠基场，更是他人格与品格的砥砺地，还是他查禁鸦片的大本营。仅以鳌峰书院为例，这所百年学府浑厚的学术传统，对林则徐的滋养是多方面的。不仅帮助林则徐养成了以天下苍生为念的器识和端凝厚重的人格，而且在书院期间广泛的涉猎也养成了他深厚的学术根底，更是帮助他培养了"经世致用"的价值取向，使得他后来成为近代中国"开眼看世界的第一人"。离开了相关书院的林则徐与离开了林则徐的相关书院都是不可想象的。

『犹作儿童句读师，平生至此乍堪思。学之为利我何有？壮不如人他可知。蚕已过眠应作茧，鹊虽绕树未依枝。回头廿九年间事，零落而今又一时。』这首作于道光二十年（公元1840年）的诗，作者当时只是一个穷困潦倒的教书先生，谁能够想到以后不久，他能够成就一番伟业，成为『五百年以来的第一伟人』？！请看——

第八章

左宗棠与书院的那些事

左宗棠是清代著名政治家、军事家。在有清一代，乃至整个中国历史上，左宗棠都是一个与众不同之人，自称"身无半亩，心忧天下"，在确保新疆不被外国侵略者分裂等方面立下了汗马功劳。今天，我们就来讲讲他与书院的故事。

第一节　科举一波三折，主讲渌江书院

上面我们说过，左宗棠是一个与众不同之人，他的与众不同表现在方方面面：比如说，科举考试的与众不同。比如，花钱买资格、妨死同考官、无奈被平衡等，且让我们一一道来：

我们都知道，科举制是历史上通过考试选拔官吏的一种方式。由于采用分科取士的办法，所以叫科举。从隋代至明清，科举制实行了一千三百多年。科举制改善了用人制度，使拥有才识的读书人有机会进入各级政府任职。

经过长时间的发展，到了左宗棠所生活的时代，科举考试一般分三个层级进行，分别是乡试、会试与殿试。其中，"乡试"是明清两代每三年在各省省城（包括京城）举行的一次考试，因在秋八月举行，故又称秋闱（闱，考场）。主考官由皇帝委派。考后发布正、副榜，正榜所取的叫举人，第一名叫解元，第二名至第十名称"亚元"。"会试"是明清两代每三年在京城举行的一次考试，因在春季举行，故又称春闱。考试由礼部主持，皇

帝任命正、副总裁，各省的举人及国子监监生皆可应考，录取三百名为贡士，第一名叫会元。"殿试"是皇帝亲自主持的考试，考策问。参加殿试的是贡士，取中后统称为进士。殿试分三甲录取，第一甲赐进士及第，第二甲赐进士出身，第三甲赐同进士出身。第一甲录取三名，第一名俗称状元，第二名俗称榜眼，第三名俗称探花，合称为"三鼎甲"。

上述这些可能许多人都知道，但许多人可能不一定知道左宗棠参加乡试时的考试资格是有瑕疵的。用比较直白的话说，他的资格是花钱买来的。这是怎么一回事呢？难道左宗棠很笨，连考个秀才也得靠金钱来开路吗？

当然不是。要知道，在清代参加乡试是需要具有"秀才"资格的。今天我们把读过几天书的人都称为"秀才"，但在清代，"秀才"这个称号，或者说资格，必须通过由省里的提督学政主持的院试才能够获得。院试三年之内考两次，院考两场，考试内容与府、县考大致相同。左宗棠自小学习就很好，按理说，考个"秀才"似乎不成问题，那他为什么还要花钱买"秀才"资格呢？

原来，就在第一次参加院试的前夕，传来母亲病危的消息，身为孝子的左宗棠只好放弃考试，回家照料母亲。不久母亲去世，按照当时的规定，父母中一人去世，就必须在家中守制，三年不能参加科举考试。不料三年未满，他的父亲又去世了，这样，他便一共在家中服丧五年，没有进入科举考场。转眼之间五年过去了，守孝期满的左宗棠发现，不经意间，他又回到了原点。这个时候的左宗棠面临两种选择：一种是再参加三年之内考两次的院试，取得秀才资格；另外一种是花上一笔钱，买个"秀才"资格。这两种选择各有利弊，前者好处是比较循规蹈矩，缺点是必须再等至少三年；后者好处是不用再浪费时间，弊处是会被人们误解。如果是一般人，估计会选择前者，但总体已经耽误了五年，他不想再耽误了，于是才有了花钱买资格这一幕。说到这里，可能有朋友忍不住又会发问，花钱买资格不犯法吗？当然不会！因为清代允许考生可以不经过考试而向朝廷缴纳一笔钱财以取得贡生资格，这在当时还有一个别名叫作"例贡"。

说完了花钱买资格，我们再来看看"妨死同考官"，这又是怎么一回事呢？且说那左宗棠好不容易买了一个资格，得以参加乡试，试卷答得花团锦簇，却又因为负责阅卷的同考官的个人审美偏好，差一点又要名落孙山。多亏主考官慧眼识珠，将已经被抛弃的左宗棠的试卷检出，请同考官再审核一下。没想到这个同考官竟然丝毫不给身为上司的主考官面子，坚持认为自己没有错。就在双方僵持不下的时候，形势急转直下。那位同考官居然暴病身亡，左宗棠这才得偿所愿，在当年的乡试中，考中湖南第十八名举人。而第一名"解元"，则是他的哥哥左宗植。由于这位同考官死在阅卷争执时，所以，有人认为左宗棠命硬，竟然妨死了这位同考官。

参加完乡试，取得举人资格后就要参加会试。会试的时候，本来考官已经决定录取左宗棠，这样左宗棠就可以摘掉终生科举仅仅止步于"举人"的这顶他极不想戴的帽子。孰料"一波刚平，一波又起"，清代会试是有录取名额的，主考发现湖南竟然多取了一人，应该将这个名额减去之后拨给湖北，这个被减掉的名额又一次悲催地落在了左宗棠的头上。就因为这一个名额之差，左宗棠又一次与进士资格失之交臂。这就是所谓的"被平衡"事件。

其后，左宗棠一怒之下，不再参加科举，于公元 1837 年，也就是道光十七年春天赴醴陵，主讲渌江书院，也就是出任渌江书院的山长。这一年他二十五岁。

渌江书院，位于湖南株洲所属的醴陵市，始建于南宋孝宗淳熙二年，也就是公元 1175 年。书院三面环山，面向渌水，占地近七千平方米。宋代与明代都是学宫，清乾隆十八年，也就是公元 1753 年被正式命名为渌江书院。渌江书院可谓人才辈出，后世的李立三、程潜、陈明仁、左权等都曾在这里求学过。

我们都知道，山长既是书院的行政长官，也是书院教学工作的主持人，因此山长的知识层次与经历对教学活动会产生重要的影响。清代书院的山长一般要由进士担任。据专家考证，在清代岳麓书院的三十七位山长中，有二十二名是进士出身，其中欧阳正焕、熊为霖、罗典三位山长更是在湖南乡试时高中解元。渌江书院的山长中也多是有进士头衔的。

说到这里，问题又来了，是谁推荐左宗棠出任渌江书院山长的呢？此人不是别人，正是时任湖南巡抚的吴荣光。这位吴荣光吴巡抚可能知道的人不是很多，但提起他的一个晚辈，估计许多朋友可能都耳熟能详，此人名叫吴趼人，是清末著名谴责小说《二十年目睹之怪现状》的作者。吴趼人乃是吴荣光的曾孙。世界上没有无缘无故的爱，吴荣光为什么会乐于推荐这样一个一波四折的左宗棠呢？这就不能不提到左宗棠早年在一所名叫湘水校经堂的书院读书时的经历。据相关史料记载，左宗棠当年曾经在那所书院创下了一口气接连七次考试第一的"七连冠"历史记录，"七连冠"这一点估计给当时的吴荣光留下了深刻印象，所以，他才能够力排众议，延请左宗棠前往渌江书院出任山长。要知道，渌江书院虽然地处一个小县城，但那可是朱熹、王阳明等大腕们先后造访过的地方啊！

左宗棠出生于湘阴，那个地方距醴陵近四百华里，在大众资讯很不发达的当时，估计当地的莘莘学子不会对当时的左宗棠有什么深刻印象，更不会"若大旱之望云霓"似的盼望他来主持书院的教学工作，因此，左宗棠的担子不轻，但他却做得很好。有人说，主持渌江书院乃是左宗棠走上"管理岗位"的第一步，后来的他虽然官至东阁大学士、军机大臣，封二等侯，但追本溯源，这"万里之行"却是从到渌江书院出任山长开始的，这一点使得他与书院的关系区别于其他历史名人。

那么，左宗棠又是怎样迈出这走上"管理岗位"的"万里长征"第一步的呢？

众所周知，管理工作千头万绪，首先莫过于立规矩。所谓"好的制度能够将鬼变成人，差的制度能够将人变成鬼"说的就是这个意思。左宗棠出任渌江书院山长后干的第一件事也是如此，具体一点说就是"奖勤罚懒""奖优罚劣"。所谓"奖勤罚懒"就是打破奖学金的"大锅饭"。据《丁酉上贺蔗农先生书》记载，到了渌江书院之后，左宗棠所做的第一件事就是通过相应的制度设计奖优罚劣。记得之前我们在讲范仲淹与书院的时候曾经讲到过，中国古代书院是有助学金或奖学金的，只不过当时不叫助学金或奖学金，而是叫"膏火钱"。此前，渌江书院的膏火钱发放采取的是大锅饭的方式，不管是不是用功，都照发不误。左宗棠觉得这种情况必须改变，于是，他下车伊始，就给每个书院学生发下一个笔记本，要求他们每天都要认真记录当天的功课，每天晚上由他本人亲自检查，对于疏懒废学或弄虚弄假两次以上者，即扣除其膏火钱。扣除的这些钱干什么？当然是用来奖励勤学苦读的学生了。

对于左宗棠的这项改革，并不是所有人都积极响应。有个姓李的学生，是个官宦子弟，平日里不学无术，见左宗棠整顿学风，检查他的读书笔记，写了半天也不知道能够写些什么。他想，我是知县大人的亲戚，把这关系写上，谅那山长也不敢教训于我！于是，他就在提交给左宗棠的笔记本上写道："我是知县大人的亲戚。""戚"字不会写，写成了"妻"字。左宗棠看后，觉得既好气，又好笑，于是便在上面亲笔批道："因你是知县大人的亲妻，所以我不敢娶（取），况且既是女眷，不宜在男学就读，汝可自便。"见他实在不是个读书的材料，于是，就把他给劝退了。

有意思的是，后来成为统领大军的大将以后，左宗棠仍然非常重视纪律。正是因为重视按照规矩治理军队，所以，左宗棠所统领的军队才会有强悍的战斗力，才能够在关键时刻发挥作用。无论是当将军还是当校长，都极其重视规矩，这使得他区别于当时许多著名人物。

除了"立规矩"之外，左宗棠在渌江书院所做的另外一件大事就是"求实务"。他对教学内容进行了大刀阔斧的改革，删削了经义中空疏荒寂的说教，而增添了舆地、兵法和农经等课程，有时还带领学生走出书斋登上西山，指点攻守设伏，演练排兵布阵。古朴陈陋的渌江学风一下子被左宗棠点化得清风朗朗，生机勃勃。

其实，左宗棠不仅要求学生求实务，他本人也很早就已注意到经世致用的重要性。早年在家为父母亲守孝期间，左宗棠就先后阅读了顾祖禹的《读史方舆纪要》、顾炎武的《天下郡国利病书》、齐召南的《水道提纲》等诸多经世致用的书籍，从此大开眼界，并成为经世致用之学的身体力行者。后来，他又得到了当时著名学者贺长龄的点拨，从后者那里得到了一本奇书《皇朝经世文编》。左宗棠认真加以研读，留下了不少批注，以致书上"丹黄殆遍"。正是因为很早就注意学以致用，所以，后来遭遇内乱时，他才能够以一介布衣而为两任湖南巡抚出谋划策，运筹帷幄之中，决胜千里之外，成功地扭转朝廷军事上的颓势，留下了"国家不可一日无湖南，湖南不可一日无左宗棠"的佳话。

曾经看过一个段子，大意是说，一个人如果想要在仕途上有所成就，就要做到三个"行"：首先自己得行，其次得有人说你行，最后，说你行的人自身得行。这话还是有一定道理的。在担任渌江书院山长期间，左宗棠成功地解决了这三个"行"的问题。第一个"行"很好理解，因为渌江书院在左宗棠的管理下确实蒸蒸日上，第二个和第三个"行"又是怎么一回事呢？这两个"行"都与一个人有关，此人姓陶名澍，字子霖，比左宗棠大三十三岁，在左宗棠还在渌江书院当一个县里民办学校小校长时，陶澍就已经是名满天下的太子少保、两江总督了，二者之间简直是天壤之别。陶澍为什么说左宗棠行呢？

这事还得从一副对联说起。据相关史料记载，公元1837年，陶澍回乡省亲，路过醴陵，当时的醴陵县令想要讨好这位方面大员，就请人写了一副对联挂在陶澍的临时住所，这副对联上联是"春殿语从容廿载家山印心石在"，下联是"大江流日夜八州子弟翘首公归"。短短二十六个字，就把陶澍最得意的两件事给巧妙地展示出来了——哪两件事呢？上联说的是道光皇帝在道光十五年（公元1835年）十二月曾经在皇宫接连接见陶澍，并且两次亲笔为陶澍的书房"印心书屋"题词这件事；下联说的是陶澍虽然出身寒门，但祖上却曾经阔气过。他的祖上最早可以追溯到东晋时代的陶侃，此人曾经担任过东晋时的荆、江二州刺史，都督八州诸军事，被人称赞"机神明鉴如魏武，忠顺勤劳似孔明"。正因为是忠良之后，本身又有政绩，所以，家乡父老翘首以待盼望其回家。联系台湾作家高阳所写的《印心石》中记载的陶澍早年在家乡的不得志，这副对联确实骚到了这位封疆大吏的痒处。什么痒处？那就是"皇帝赏识，百姓爱戴"，用今天的话说就是"两头满意"，这实在是人生的最高境界。激动之余，陶澍马上命人询问县令这副对联出自何人之手，结果我想大家肯定都猜到了，这副对联的作者不是别人，正是本章的主人公左宗棠。

我们都知道，对联乃是中国古代特有的一种文学样式，而左宗棠正是对联高手，并且先后留下了许多佳作。比如自勉的对联："身无半亩，心忧天下；读破万卷，神交古人。"比如自许的对联："文章西汉两司马，经济南阳一卧龙。"比如挽曾国藩的对联："谋国之忠，知人之明，自愧不如元辅；同心若金，攻错若石，相期无负平生。"这些对联都在短短几十个字甚至十几个字中表达了非常丰富的情感。且说那陶澍见了左宗棠之后，一番交谈二人惺惺相惜，结为知己，留下了一段不以地位和权势只靠学识与性情论交的佳话。此后，陶澍更是将自己尚在幼年的儿子托付给当时一没权二没钱的左宗棠，并且主动提议，与左宗棠结成儿女亲家。左宗棠也不负所托，在陶澍去世之后，将陶澍的儿子培养成一个对国家有用的人。

渌江书院可谓成就了一段佳话、一位伟人和一桩美满姻缘。

第二节　瞻前顾后，创办船政学堂、正谊书局

清文宗咸丰三年，也就是公元 1853 年，四十二岁的左宗棠因参与防守湖南有功，被朝廷授予知县职务，并加同知衔，用今天的话说就是低职高配，正处级级别享受的却是副厅局级的待遇。左宗棠也从此正式进入了官场。其后，在长达几十年的宦海生涯中，他又与书院再续前缘，留下了许多感人故事。

今天，我们就来与读者朋友们一起分享其中的"瞻前顾后""快意恩仇"的故事。

这两个故事与两所特殊的书院有关。这两所特殊的书院一所叫作船政学堂，一所叫作正谊书局。

什么？听到我刚说完的话，细心的朋友肯定会忍不住吐槽，你老先生讲的可是"书院"啊，船政学堂和正谊书局，是"书院"吗？您还别急，这两个机构的确是书院，不过他们不是一般的书院，而是"瞻前顾后"式的书院。其中"瞻前"的是船政学堂，"顾后"的是正谊书局。为什么说前者"瞻前"，而后者"顾后"呢，且听我为您一一道来。

船政学堂创办于同治五年，也就是公元1866年，有人说，这所教育机构乃是中国近代史上的第一所高等教育机构。在谈到为什么要创办这样一所几乎是前无古人的教育机构时，左宗棠曾经专门给皇帝上了一封奏折，说了许多理由，其实，究其原因，很可能与几年前的胡林翼之死有关。

胡林翼，字贶生，号润芝，湖南益阳人，是晚清中兴名臣之一，中国近代史上的一个赫赫有名的人物。他与左宗棠之间有着非常不一般的关系。说得具体一点，他们俩都与一个人有关。此人不是别人，就是我们前面提到过的陶澍。

据相关史料记载，八岁的时候，胡林翼跟随爷爷在益阳修志馆编修志书，将赴任川东担任兵备道职务的陶澍顺路回老家益阳探亲，一见到胡林翼，就惊为伟器，连连说"我已得一快婿"，于是非常郑重地与胡林翼的爷爷商量，两家订下了娃娃亲，陶澍将自己五岁的女儿许配给胡林翼。十九岁时，胡林翼与陶澍之女陶琇姿完婚。第二年五月，沅湘发大水，益阳受灾严重，胡林翼以一介书生的身份参与赈济饥民的工作，大获好评。后来，到了岳父大人的两江总督衙门，他多次向老泰山建议密保林则徐等人作为两江总督的继任人选，陶澍深以为然，很器重他这个毛脚女婿。当然，年轻时的胡林翼也曾经荒唐过，据说曾经一度流连于南京城的秦淮河畔、钓鱼巷中，用今天的话说就是经常出没于青楼瓦舍"红灯区"。两江地区最高行政长官的女婿居然撇开总督女儿去"天上人间"寻欢作乐，这是在找死啊，不仅老婆大人放不过，岳父大人估计更会发雷霆之怒。有人因此向陶澍打小报告，企图借此邀功请赏，不料陶澍却说出了一番惊世骇俗的话，他说："润芝（也就是胡林翼，他号润芝）之才，他日勤劳将十倍于我，后此将无暇行乐，此时姑纵之。"——大意是说，我这个女婿的才能很大，将来干大事所付出的辛苦远远超过我，估计那时候也没有时间娱乐，所以你们就不要盯着他不放了！

胡林翼果然不负老泰山期许，二十五岁就考中了进士，比年长他一岁的曾国藩还早了两年，可谓少年早成。点翰林后两年之内就两次被点派考差，是所谓的红翰林，前程似锦。担任几年京官之后，又被朝廷派到贵州担任知府。

出任地方官之后，胡林翼政绩显赫，是一个典型的清官，理财专家，人际关系高手。在清代，官场有所谓"三年清知府，十万雪花银"的说法，大意是说，即使再廉洁，三年任期一满，知府大人也会聚敛大量的民脂民膏。担任贵州知府之后，家里人想让胡林翼寄十万雪花银回家，他就像后来的另外一位也叫"润之"的毛润之拒绝为亲属开后门、两袖清风、一身正气一样，写信给家里人说："我必无钱寄归也，莫望莫望！"。据相关史料记载，担任贵州知府赴任前，他曾经"遍谒先茔，誓不取官中一钱自肥以贻前人羞"。胡林翼是这么说的，也是这么做的。当然，胡林翼说他没钱，并不等于他不会挣钱。事实上，在担任湖北巡抚时，他通过改漕章、通蜀盐、整榷务等手段，每年为当地筹集四百多万两银子。曾国藩曾经不止一次就此赞誉过胡林翼，认为"润芝（胡林翼）之才胜我十倍"。

有人说，一个人仕途方面成就的大小，从某种意义上说，是与他的人际关系协调能力成正比的。胡林翼还是一个人际关系高手，在担任湖北巡抚期间，妥善地处理了与时任满族总督官文的关系。据说他曾经以巡抚之尊，帮助官文摆平了后者"二奶"过生日的事情，还让官文的"二奶"拜自己的母亲为干妈，官文也因之成了他的"妹夫"。"大舅哥"与"妹夫"有什么事都好商量，自此以后，官文这位满族总督成了汉人胡林翼的"助力"而不是"阻力"。这个被某些正统官员所不齿的人际交往却取得了类似廉颇、蔺相如之间"将相和"的效果，不是胡林翼这样的人是弄不出这样的大手笔的！

除了知兵、擅长理财、善于妥善处理人际关系之外，胡林翼还以善于罗致人才、推荐人才而著名。其中尤以七次荐举左宗棠被当时之人传为政坛佳话。

胡林翼去世时年仅五十岁，他是在公元 1861 年 8 月 30 日去世的，而且还是非正常死亡。当时，湘军已经熬过了最困难的时候，结果胡林翼却呕血而死。这又是怎么一回事呢？话还得从长江边的一次散步说起。且说这一年八月的一天，积劳成疾的胡林翼被手下劝说到长江边上散步休息，就在这个时候，江面上突然飞驶过来一艘英国军舰，这艘军舰鸣着长笛，在长江水面横行霸道，周围正常行驶的中国渔船很多避让不及竟然被它掀起的巨浪冲翻。手下人当时已经见怪不怪，或者说已经麻木了，但胡林翼却仰天长啸，吐了一口鲜血倒在地上。被抢救过来之后，他叹息着对身边人说："军舰乃国之利器，我最担心的是洋人将携此坚船利炮成为国家的大患。衷心期盼后来诸君能够牢记国耻，兴办新式书院建造新式舰船啊！"不久之后他就溘然长逝了。这个故事可不是俺杜撰的，与胡林翼同时代的曾国藩的幕僚薛福成先生就曾经在笔记中对此有过专门的记载，有兴趣的朋友不妨找来一读。

俗话说，说者无心，听者有意。作为胡林翼的亲密战友，左宗棠听到自己的良师益友的这番话时，还只是以三品京堂候补，帮办两江总督曾国藩军务，换句话说，当时还没有能力帮助好友完成其未了心愿。转眼到了公元 1863 年，左宗棠被任命为浙闽总督，成为实打实的封疆大吏；三年以后，他正式入驻福建，有了自己的一块天地。这个时候左宗棠再次想到了五年前，好友胡林翼的临终重托，于是，在百废待兴之际，毅然上书朝廷，奏请批准他着手创办新式书院，也就是船政学堂。这个请求很快获得批准，而这所新式书院创办以后也培养了一大批人才。我这里不妨随便点上几个。严复，听说过吧？没听说过？不要紧，北京大学估计您肯定听说过吧？北京大学是由京师大学堂更名而来的，京师大学堂更名为北京大学后的第一任校长是谁啊？不是别人，正是这位严复严又陵。严复是哪毕业的？船政学堂的毕业生啊！詹天佑，听说过吧？没听说过？不应该啊，要知道，他老人家可是被称为"中国铁路之父"和"中国近代工程之父"啊！好，就算您真的没听说过，那也不要紧，我国自建的第一条铁路——京张铁路听说过吧？这条铁路的实际督办者是谁啊，詹天佑啊！詹天佑是哪毕业的？除了赴美留学的身份之外，他还是船政学堂的毕业生啊！

据相关史料记载，船政学堂成立后先后为国家培养了近千名毕业生，为其后的中华民族海军培养了大批有用人才。从这个意义上说，这所新式书院的确是非常"瞻前"也就是"前瞻"的。

说完了"瞻前"的书院，我们再来说说"顾后"的书院正谊书局。

这所特殊书院也是涵盖了多重意义在内的教育机构。在前面我们讲到范仲淹与书院的关系时，曾经提到过中国古代书院具有多种功能，其中之一是书刊出版的功能。从这个意义上说，它是一座传统意义上的书院，但它又与一般的传统书院有相当大的不同，因为最初它是不收学生，只招收老师的，具体一点说，就是只招收具有一定文凭但又家境贫寒的知识分子。

看过《儒林外史》的朋友想必会对其中的"范进中举"有深刻印象。范进正是封建时代千千万万个热衷功名的下层知识分子的典型。他大半生穷困潦倒，到五十四岁才考上秀才。

但是，这个秀才身份没有给他带来什么好处，中举之前，他穷得几乎揭不开锅，邻里没有一个人愿意借米周济他。他地位卑微，受人歧视，连杀猪出身的屠户岳父也可以任意辱骂他。作者在书中曾经这样描写范进中举前的生活状态："这十几年，不知猪油也曾吃过两三回"，"家里已是饿了两三天"，几句话写尽了范进家境的贫寒；而岳父胡屠户对他的轻侮则更凸现出他社会地位的低下。面对屠户的训骂，他竟然"唯唯连声"。人们常说，"知识能够改变人的命运"，但这个故事却非常形象地说明了"知识并不一定能够改变人的命运"，只有达到一定的"临界点"时知识才有可能改变命运。其实，岂止是范进，因为家境贫寒，道光十二年，也就是公元 1832 年，二十一岁的左宗棠也曾经不得不到别人家里"倒插门"，去充当上门女婿。在古代，上门女婿的社会地位十分低下，许多地方甚至有所谓上门女婿的后代不能够参加科举考试的说法。这段时间的屈辱经历给左宗棠留下了刻骨铭心的印象。尽管岳父一家对他很好，但自尊心极强的他，却对于"知识并不一定能够改变人的命运"感同身受，深恶痛绝。没有办法的时候他顶多只能够维持自己的自尊，等到有了一定的能力可以快意恩仇的时候，左宗棠就像所有大侠一样伸出援助之手，去帮助那些虽然具有秀才身份但却在贫困之中苦苦挣扎的同类。于是，在清同治五年，也就是 1866 年，他上奏朝廷，正式创办了一所特殊的书院——正谊书局。这所书局以校刊理学总集为主要任务，遴选品学兼优但又家境贫寒的读书人一共一百人入局工作，每月给这些人发津贴银五两，先后共计刻成书籍五百二十五卷，定名为《正谊堂全书》。

当时的五两白银是个什么概念呢？据相关史料记载，在流通白银的明、清时期，城市中的一个普通人大约每月能赚到一两银子，这一两白银可以购买大约一百公斤的大米或三十公斤的猪肉，换句话说，一两银子可以维持一个五口之家的一个月的小康生活。左宗棠给每个品学兼优但又家境贫寒的读书人每月发放五两津贴银，看起来似乎多乎哉，不多也，但却可以确保这些原本有可能成为真实版"孔乙己"的知识分子们过上相对体面的生活。应当说，正谊书局的创办在保护人才、维护社会稳定、促进崇文重教风气的形成和提高民族文化素质等方面，发挥了一定的作用，同时也免除了许多读书人的后顾之忧。所以，我们称它为"顾后"的书院。

第三节　安定边疆，功庇西北书院

有人说，左宗棠生于湖南，功在西北。这话是什么意思呢？我们都知道，新疆地处中国大西北，所辖区域约占中国陆地国土的六分之一。不熟悉那段历史的朋友可能打死也不会相信，这样一大块宝贵的国土，竟然在 19 世纪末被腐朽没落的清政府当成一块可有可无的"鸡肋"，被今天的许多"公知"们顶礼膜拜的李鸿章甚至多次向朝廷上书，请求朝廷批准，将新疆割让给沙俄或者放任分裂势力独立。就在举朝上下一片割让的喧嚣声中，只有左宗棠义无反顾，上书朝廷，据理力争，高瞻远瞩地指出"保新疆之所以保蒙古，保蒙古之所以卫京师"，在没有得到朝廷充分支持，政敌又大扯后腿的情况下毅然抬棺出征，这实在是冒着巨大的个人风险的。他在一封家书中这样写道："我年逾六十，积劳之后，衰态日增，腹泻自吸饮河水稍减，然常患水泻，日或数遍，盖地气高寒，亦有以致之。腰脚则酸疼麻木，筋络不舒，心血耗散，时患健忘，断不能生出玉门关矣，惟西陲之事不能不预筹大概。"又说："西事艰阻万分，人人望而却步，我独一人承当，亦是欲受尽苦楚，留点福泽与儿孙，留点榜样在人世耳。"林则徐有两句诗是许多人都很熟悉的，这两句诗叫作"苟利国家生死以，岂因福祸避趋之"。纵观有清一代，能够做到这一点的人不多，左宗棠就是其中当之无愧的一个。

左宗棠的政敌李鸿章一直嘲笑左宗棠是一个目光短浅的武夫，平心而论，这完全是一派胡言，因为左宗棠不仅有底定西北之功，而且还为西北的安定做出了不懈的努力。说到这一点，就不能不提到他对西北书院的重视与扶持。众所周知，中国的书院虽然发端于陕西，但由于种种原因，到了左宗棠所处的时代，西北的文化教育事业却远远落后于内地，教育与教化的落后直接或间接地影响了西北民众，特别是少数民族兄弟对中央政府以及国家的认同。左宗棠非常敏锐地发现了这一点，这也是他比其他军政大员的高明之处。

虽然说发现问题就是解决问题的一半，但是，如何增强西北民众，特别是少数民族兄弟对中央政府以及国家的认同？这确实是一个大问题。经过认真的思考，左宗棠把目光投向了书院。

对于西北地区的书院，左宗棠采取了多种方式加以扶持，**第一种是出**

钱赞助。兰山书院是甘肃最大的一所省立书院，在今城关区秦安路兰州市三中校园里，现在是兰州三中的所在地。此书院先后五次修建，每次间隔约二三十年，系一所规模宏大的官方书院。驻节兰州期间，左宗棠每年都要给兰山书院捐资两千两。

两千两白银，换算成今天的货币，大致相当于四十万人民币。当时，一品大员的年薪也就是一千两左右，加上左宗棠为官比较清廉，每年两千两的捐助确实不是一个小数目。"榆阳书院"地处榆林，同治十一年，也就是公元 1872 年，延榆绥总兵刘厚基在前人的基础上重建该书院，时任陕甘总督的左宗棠特给书院"捐金二百"。在清代，一两黄金值十两白银，因此，"捐金二百"实际上也相当于捐资两千两白银。

左宗棠扶持书院的第二种方式是赠送书籍。即使是在二十一世纪的今天，藏书的多少仍然是衡量一所学校实力的一个重要指标，何况在百废待兴的当年。在屡经战乱的大西北，草根出身的左宗棠对此当然是知之甚详的，所以，在主政西北期间，他多次向相关书院赠送办学急需的书籍。岩绿书院地处甘肃怀远县，最早叫作怀阳书院，乾隆二十五年，也就是公元 1760 年改为固阳书院。道光二十一年，也就是公元 1841 年改为岩绿书院。光绪四年，也就是公元 1878 年。知县李赓伯弥补修缮，略加恢复。时任陕甘总督的左宗棠赠送给书院官版十三经等多种书籍，这些书籍有的是左宗棠派人专门印制的，有的是他自掏腰包购买的。既有传统文化读物，又有实用知识读物，在传播知识的同时，也在一定程度上促进了西北地区少数民族对中原汉族文化的认同。

左宗棠扶持书院的第三种方式是直接创办新的书院。提到创办新的书院，就不能不提到一个地方。这个地方，在左宗棠所生活的时代叫作化平厅。化平厅原本叫作安化县，金大定七年，也就是公元 1167 年，改安化县为化平县，属平凉府。元初废化平县，并归华亭县，属陕西行中书省平凉府所管辖。清同治十年，也就是公元 1871 年，置化平直隶厅。中华民国二年，也就是公元 1913 年，改化平直隶厅为化平县，属甘肃省泾源道。1950 年改化平县为泾源县，属平凉专区。今属宁夏固原市。在率兵平定西北地区的叛乱之后，左宗棠命令手下人在化平直隶厅筹办书院。这在当时估计是一个费力不讨好的活，所以，手下人推三阻四，就是不想接这个活。

直隶厅是清代地方行政单位之一，直属于省，其长官为同知或通判。"厅"在当时本来并不是固定的行政单位，因初期知府常把自己的左贰官（即副手）同知、通判派出分防，专管某些事务，其派出之办事处名之为"厅"，以后就逐渐形成固定的行政单位。此外，在少数民族聚居地区，不宜设州置县，也设厅，化平直隶厅就属于后者。

这一年的某一天，左宗棠突然派人传召化平直隶厅的军政长官，向他们布置了一个任务——在化平直隶厅新建一座书院。"什么？"被传召来的官员差一点跳起来，"我的左大帅啊，当地战乱初平，民生凋敝，老百姓连口饱饭都吃不上，哪有闲心建什么书院啊！""没有闲心也得建！"左宗棠不容置疑地说。

部下继续讨价还价说："就算是有这个闲心，建成书院给谁用啊，要知道，那可是个少数民族聚集区，识字的少数民族根本就没有！""一派胡言！"左宗棠可真的火了，他一拍桌子，怒声说道，"元睿宗托雷的妃子当年就曾经兴办过学校，据我所知，化平直隶厅所在的地方，马应龙等人就不但识字，而且还是有名的读书人。什么都不要说了，回去之后，马上给我把书院建起来！"有人说，在少数民族地区兴办教育是个老大难问题，但正应了那句俗话："老大难，老大难，老大重视就不难。"左宗棠在当时的西北，属于绝对的"老大"，所以，在他的直接关注下，化平直隶厅很快就建起了一所书院。书院建好后，当地官员请左宗棠为书院命名，左宗棠思之再三，最后给这所书院起名为"归儒书院"。

左宗棠为什么要把这所来之不易的书院命名为"归儒书院"呢？这确实是一个值得探讨的问题。我认为，之所以要把这所书院命名为"归儒"。至少有包括但不限于以下几点原因：

一是清朝国情的原因。我们都知道，清朝属于少数民族入主中原后建立起来的政权，虽然没有像蒙古族建立的元帝国那样明目张胆地对汉人进行赤裸裸的歧视，但在相当长的一段时间里，汉人的社会地位是不如满人的，这一点是毋庸讳言也无法讳言的。如果左宗棠把这所新建立起来的书院直接命名为"归汉"的话，估计原本就看左宗棠不顺眼的那班人很可能会跳出来说三道四。二是当时时情的原因。由于种种原因，到了左宗棠所生活的同治年间，满族高官，特别是主政一方的满族封疆大吏寥寥无几，一些有见识的满族权贵对此深感忧虑。西北远离京师，如果左宗棠大张旗鼓地将新修的书院命名为"归汉"，估计极有可能会引发最高统治者的焦虑和猜忌。三是当地民情的原因。由于种种原因，当时的西北，回族与汉族之间的关系远不像今天这样融洽，两个民族之间，从某种意义上说，可谓势同水火，身为汉人的左宗棠如果一上来就直接把这所新建的书院命名为"归汉"，极有可能引发当地回民兄弟的强烈反弹。

对于归儒书院的学生，左宗棠主张通过儒家经典教育，使之潜移默化，心向国家。新疆收复后，他"饬各局员防营多设义塾，并刊发《千字文》《三字经》《百家姓》《四字韵语》及《杂字》各本"，教回民识字，并用楷字仿格，教他们写字。当时成立义学处，以重资延教习，每月工资多者高达六七十两。回童免费入学，提供书籍笔墨，十分优待。这些措施，一方面提高了西北人民的文化水平，另一方面加强了民族团结，促进了民族融合。

《清史稿》这样评价左宗棠："宗棠为人多智略，内行甚笃，刚峻自天性……其志行忠介，亦有过人。廉不言贫，勤不言劳。待将士以诚信相感。善于治民，每克一地，招徕抚绥，众至如归。论者谓宗棠有霸才，而治民则以王道行之，信哉。"纵观左宗棠的一生，套用今天的一句话说就是"文治"与"武功"两手一起抓，而且两手都很硬。"文治"与"武功"之中，后者是建立在前者的基础之上的。而"文治"的基础从某种意义上说则发轫于他早年就读过和执教过的书院。书院不仅为他插上了知识的翅膀，而且也为他找到了政治上的引路人，还为他提供了经世治国的演练场，让他以一介举人之身成就更高层级进士都难以望其项背的业绩，不断突破种种逆境，达到人生的新高度。

不仅是为了一个王朝的延续，更是为了一种文化的赓续；不仅是提兵底定战乱之能臣，更是解除人伦隐痛之功臣。有人说：「他或许是十九世纪中国最受人敬仰、最伟大的学者型官员。」请看——

第九章

为保住传统文化而鞠躬尽瘁，投笔从戎

——"汲汲以荐举人才为己任"的曾国藩与书院的那些事

微信扫一扫
获取本章视频

曾国藩乃是晚清时期最具有影响力的人物之一。假如没有曾国藩，可能清朝的历史就要改写。在充满传奇的一生中，曾国藩与书院结下了不解之缘。从某种意义上说，没有书院，就不可能有后来的曾国藩。

第一节　脱胎换骨，涟滨书院

有人曾经用三个字来概括早年的曾国藩，说他同时具备"笨""瘾""急"三个缺点。这话说得虽然有些夸张，但也不是没有一点根据。

我们不妨先来说说他的"笨"。许多人从后来曾国藩的文韬武略推论，认为早年的曾国藩一定是一个绝顶聪明的人。这种推论其实不一定靠谱。早年的曾国藩不仅不是很聪明，甚至可以说是一个很迟钝的人，这一点，倒是与金庸金大侠笔下的郭靖有几分相似之处。网上曾经流传过一个与早年的曾国藩有关的故事。这个故事说的是，童年时的曾国藩并不聪明，曾经整整花了一个晚上的时间背诵范仲淹的《岳阳楼记》，却怎么背也背不下来。恰好他们家进去了一个小偷，这个小偷躲在曾国藩家屋内的房梁上，想要等曾国藩背完书熄灯以后出来偷东西。结果左等右等，曾国藩就是背不下来，背不下来就不能熄灯。小偷又急又气，最后实在忍不住了，就从房梁上跳了下来，劈手从曾国藩的手中夺下书本，一点都不打锛地从头到尾背诵了一遍，然后用非常鄙夷的语气说："瞧你笨的，这样的智力还读什么书啊！"说完之后，扬长而去。

这个故事不知道是不是真的，但是，曾国藩早年一连多次考秀才却屡考不中则是如假包换的事实。

在中国古代，"秀才"一词至少有三种含义，一是对读书人的统称，所谓"秀才不出门遍知天下闻"说的就是这个意思；二是指汉朝的一种人才选拔制度选拔出来的人才，所谓"举秀才不知书"说的就是这个意思；三是指科举考试中通过所谓的"府试"之后的"生员"。毫无疑问，我们这里所说的"秀才"指的就是第三种。读者诸君可千万不要小看这第三个意义上的秀才，鲁迅小说《孔乙己》《白光》中的主人公孔乙己、陈士成在前清就多次参加童子试都考不上，人已老了，还是童生，被称为老童生。如果没有涟滨书院，曾国藩说不定有可能会成为当时真实版的孔乙己或陈士成，晚清的历史说不定都有可能被改写。

这又是怎么一回事呢？

这话还得从早年的曾国藩考秀才说起。据相关史料记载，曾国藩虽然后来考中了进士，但在早年参加秀才考试时却并不顺利，前后考了七次，才以倒数第二名的成绩考上秀才。这一点倒是与他的父亲曾麟书有一拼，后者曾经考过十次秀才，但都名落孙山。这种情况引发了曾国藩及其家人的高度关注：要知道，与曾国藩同时代的李鸿章可是十七岁就考中了秀才的。比曾国藩稍晚的梁启超更是一个神童，十一岁就考中秀才，十六岁中举人。一次两次没有考中，还情有可原，一连多次都没考中那就应该好好反思一下了。经过认真反思，家里人作出了一个决定，那就是转学，让曾国藩从此前就读的家塾"利见斋"转到湘乡县里主办的一所书院去读书，这所书院就是我们所说的涟滨书院。

涟滨书院位于湖南省湘乡市湘乡一中北校区内，其前身是"湘乡学宫"，也叫"文庙"。它的历史最早可以追溯到北宋大中祥符二年，也就是公元1009年。其后几百年间虽然外部世界屡经变迁，光是朝代就已经换了三个，但是涟滨书院作为文化教育机构的地位和作用却并没有改变，而且还先后培养了不少杰出人才。宋代湖南省六状元之一、湘乡唯一的状元王容曾经在涟滨书院的前身涟溪书室就读过。

说完了"笨"，我们再来说说"瘾"。曾国藩是道光十一年，也就是公元1831年进入涟滨书院读书的。这一年，他已经二十一岁了。唐代的王维九岁能文，十七岁就写出了"每逢佳节倍思亲"的千古名句，二十一岁就已经中状元了。宋代的抗元名臣文天祥也是二十一岁考中状元的。而曾国藩二十一岁时却还是一个白丁，他的前景似乎并不被看好，更何况这个时候，他还染上了一个不好的习惯。什么，不好的习惯？对，没错，就是不好的习惯，具体一点说就是染上了烟瘾。据相关史料记载，曾国藩是十七八岁的时候，在父亲曾麟书的影响下开始吸烟并从此上瘾的。由于烟瘾过大，年纪轻轻就被人送了一个绰号，叫作"枪棍"。

熟悉烟草历史的朋友想必都知道，烟草乃是舶来品。据有关专家考证，烟草是大约在明代嘉靖末至万历初经菲律宾的吕宋岛传入厦门的，所以当时叫它"吕宋烟"。虽然刚刚传入中国时，烟草曾经被无良商人进行了一番包装，留下了一个所谓曾经帮助吕宋岛上淡巴国公主死后还魂的美丽故事，并被赋予了一个神奇的名字——"返魂香"。但是，至少在明代末年，当时的朝廷就已经下令禁烟，崇祯皇帝朱由检就曾经先后两次颁布"禁烟令"。禁烟的原因据说是出于很微妙的迷信心理，当时"吸烟"不叫"吸烟"，而是叫"吃烟"，而"烟"与"燕京"的"燕"读音相近，"吃烟"就是"吃燕"，有吃掉燕王之后、破灭燕京之嫌，而崇祯皇帝乃是"燕王"朱棣之后，京都又是"燕京"。出于避讳，朱由检就下了禁烟令。如果说，明代的禁烟还很八卦的话，那么，清代朝野有识之士反对吸烟则有比较科学的依据。清代名医张璐、吴澄等人先后在自己的学术专著中呼吁远离烟草，清康熙三十年（公元1691年）的进士张翔凤更在《种烟行》一诗中称："吁嗟老农勿健羡，此物鸩毒奇莫居。"从朝廷看，康雍乾三代皇帝基本上都严格禁烟，但是，由于曾国藩所生活的时代朝廷对民间的掌控力已经大大减弱，所以，曾国藩虽然吸烟成瘾但却并没有受到官府的处罚。

自身天资不是很聪颖，加上又染上了不好的习惯，曾国藩要想改变自己的命运,确实有点悬。多亏遇上了一个好老师。这个好老师姓刘,名元堂,字象履。此人虽然只是一个秀才,但在启发引导学生发挥自身潜能方面却是一个高手。经过观察,这位刘老师认为,曾国藩是一个可造之才,于是先是通过"霹雳手段"收缴了曾国藩吸烟的"作案工具"——烟枪,然后将烟枪当众销毁;就在曾国藩觉得很没面子,无颜见江东父老的时候,又给他送去温暖,专门找来了我们前面提到过的著名医生张璐、吴澄等人撰写的医学书籍,用专家的话指出吸烟的危害性,然后,再与曾国藩促膝谈心,让他意识到自己的责任和使命,鼓励他好好学习,做一个对国家有用的人。在刘老师的谆谆教诲下,曾国藩痛定思痛,决定戒烟。为表决心,他将自己的名字改为"涤生"。为什么要这样改呢? 曾国藩自己的解释是:"涤者,取涤其旧染之污也;生者,取明袁了凡之言'从前种种,譬如昨日死,今后种种,譬如今日生'之含义。"今天的人们往往以"曾涤生"称呼曾国藩,可能许多人都不知道,"曾涤生"这个名字后面所隐含的这段故事。这个故事从一个侧面说明了伟人并不一定没有做过错事。其实,犯错误并不可怕,可怕的是犯了错误不知道改正。令人欣慰的是,曾国藩知错就改,不仅改了名字,而且还立志改掉以前的一些学习方面的不好习惯。在刘老师的悉心教导之下,曾国藩在涟滨书院的学业大有长进,一年以后,顺利地取得了秀才资格。

说完了"笨""瘾",我们不妨再来说说曾国藩的"急"。据《文史参考》刊登的一篇专家文章考证,曾国藩早年脾气比较暴躁,曾经和别人发生过几次比较严重的冲突。有一次和名叫郑小山的同乡因为吃饭的时候意见不合就打了起来,两人什么脏话都骂了出来,甚至"问候"了双方的亲人。唐浩明通过研究曾国藩的早年日记发现,青年时代的曾国藩至少有九大毛病:偏激、躁动、虚伪、自以为是、好名、好利、好色、有不良嗜好、无恒心。道光十四年,也就是公元 1834 年春天,曾国藩离开家乡,前往省城长沙,进入岳麓书院继续读书。读书期间,悬挂在讲堂上方的一副对联中的几句话给曾国藩留下了深刻印象。这几句话是"是非审之于己,毁誉听之于人，得失安之于数，陟岳麓峰头，朗月清风，太极悠然可会；君亲恩何所酬，民物命何以立，圣贤道何以传，登赫曦台上，衡云湘水，斯文定有悠归"。如果问，在岳麓书院读书期间曾国藩最大的收获是什么，我想除了因为在此读了一年书，而考中举人以外，可能最重要的一点就是这几句话之中所蕴含的深刻含义。这一深刻含义，用曾国藩自己的话说，就是"打落牙齿和血吞"，就是一个"忍"字。"打落牙齿和血吞"这句话出自《曾国藩家书》里"好汉打落牙齿和血吞，真处逆境者之良法也"。与这话有关的还有一个故事，这个故事说的是，在岳麓书院读书期间，有一天，曾国藩的书桌放在窗前，有个特别刁的同学说挡住了他的光线，让曾国藩腾地方，曾国藩二话没说就移开了书桌。晚上曾国藩用功读书，那个同学又嫌他吵，曾国藩二话没说就低声默诵。后来曾国藩中了举人，那人又说是抢了他的风水。这种无理取闹的行为遭到其他同学的一致谴责，而曾国藩却和颜悦色，如无事一般。

曾国藩后来之所以能够取得那么多的成绩，我想其中很重要的一个原因就是他能够始终做到忍别人所难忍。咸丰四年（公元 1854 年）十一月二十七日，在一封写给兄弟的家信中，曾国藩哀叹自己的团队"每次上城，必遭毒骂痛打"，但自己毕竟是大哥，在向弟弟们倾诉烦恼时，总得给弟弟们一个好榜样，于是清醒地指明自己应有的态度："惟忍辱包羞，屈心抑志，以求军事之万有一济。"对待侮辱，只有忍着不吱声，把业务干漂亮才是王道。

曾国藩对自己平生受的闷气有一个总结，他在日记中写道："余庚戌辛亥间，为京师权贵所唾骂；癸丑甲寅，为长沙所唾骂；乙卯丙辰为江西所唾骂；以及岳州之败，靖港之败，湖口之败，盖打脱牙之时多矣，无一次不和血吞之。"遭遇的都是唾骂，在京城被权贵骂，不能还嘴；在长沙被绿营兵骂，还是不能还嘴，还嘴就必死无疑；在江西筹集粮草，像叫花子一样被人骂，又是不能还嘴。之所以能够挺过这些谩骂，从某种意义上说，可能都源于他在岳麓书院所养成的"忍"字。同治五年（公元 1866 年）

十一月十八日的深夜，曾国藩写信给弟弟壮胆，提出他的处世名言："打掉牙齿和血吞。"他认为弟弟被捻军大败，"颇有打脱门牙之像"，他建议弟弟"惟有一字不说，咬定牙根，徐图自强而已"。

在中国历史上，"忍"乃是一个人成就大事的重要前提。韩信是西汉开国元勋，也是中国古代著名的军事家，"多多益善"这个成语说的就是他所具有的统领大兵团作战的能力。他之所以能够有后来的成就，很重要的一个原因就是能够忍常人所不能忍。读者朋友都很熟悉的"胯下之辱"说的就是韩信早年未发达时忍受住一个街头小混混的挑衅，保住有用之身，最后才得以成就千古伟业的故事。无独有偶，与韩信同时代的两个人的最终遭遇更能够说明问题。这两个人是刘邦和项羽。倘若论起个人品德以及身世、武艺等方面，刘邦远远不是项羽的对手。在项羽抓了刘邦的老爹并以此威胁他的时候，刘邦竟然能够说出"我爹就是你爹，如果你真的要杀掉咱爹做肉羹，那就分一杯肉羹给我"之类的混账话。但二人博弈，最终胜出的却是刘邦而非项羽，这又是为什么呢？我想，刘邦、项羽争雄，刘胜项败，原因可能很多，其中很重要的一点就是前者能够忍受常人所不能忍，而后者却经受不起挫折，在有翻盘可能的情况下，却拒绝了回江东卷土重来的机会，这一点至今仍然令人非常惋惜。唐代大诗人杜牧在《题乌江亭》一诗中曾经不无叹息地写道："胜败兵家事不期，包羞忍耻是男儿。江东子弟多才俊，卷土重来未可知。"

第二节　一死一生，乃见交情

道光十八年，也就是公元 1838 年，曾国藩考中进士，自此，一步一步地踏上仕途。在其后长达几十年的宦海生涯中，曾国藩与各类书院又再续前缘，留下了很多感人故事，在这里不妨与朋友们再分享几个。

首先要与读者分享的是"一死一生，乃见交情"的故事。这个故事与一所名叫箴言书院的教育机构有关。箴言书院，位于湖南省益阳市，是我

们前面提到过的胡林翼为纪念去世的父母亲而动工修建的。在这所书院的
建设过程中，曾国藩发挥了至关重要的作用。从某种意义上说，没有曾国藩，
就不可能有建设完成的箴言书院，这又是怎么一回事呢？

话还得从胡林翼的英年早逝说起。在清代有所谓"曾左彭胡"四杰的
说法。四杰之中曾国藩活了 61 岁，左宗棠活了 73 岁，彭玉麟更牛，活了
74 岁，只有胡林翼生于公元 1812 年，死于公元 1861 年，满打满算只活了
49 岁，可谓"出师未捷身先死，长使英雄泪满襟"。正因为英年早逝，所
以，许多想要做的事情都没有来得及做完，这其中就包括箴言书院的建设。
箴言书院是公元 1853 年开始动工兴建的，直到胡林翼去世的 1861 年还没
有建成。之所以耗费了这么长的时间，很重要的一个原因可能是与资金不
足有关。胡林翼去世以后，资金严重不足的箴言书院极有可能成为一个半
拉子工程。因为胡林翼为政清廉，湘军创建者之一郭嵩焘说他"位巡抚，
将兵十年，于家无尺寸之积"。就在人们都在为箴言书院的命运而感到惋
惜的时候，有一个人伸出了援助之手。此人不是别人，正是本章的主人公
曾国藩。这有点超出熟悉曾国藩的人的意料之外。有人说曾国藩是一个非
常"抠门"的人。据相关史料记载，他在吃饭遇到饭里有未脱壳的谷粒时，
从来不把谷粒一口吐在地上，而是用牙齿把谷粒剥开，把里面的米吃了，
再把谷壳吐掉。不仅自己这样做，而且还要求自己的儿子纪泽、纪鸿也这
样做。

这样一位"抠门"的人难道会拿出很多钱来帮助一个已经死去的没有
任何利用价值的人去完成他生前没有完成的心愿吗？答案当然是肯定的，
因为在帮助别人方面曾国藩是从不吝啬的。想当初，左宗棠的队伍才开张，
只有那很少的人和不多的枪。曾国藩全不计较后者对他的不敬，反而送两
座营房给左宗棠。

且说那曾国藩为了确保箴言书院尽快建成，硬是从自己并不富裕的积
蓄中拿出了两千两白银，然后又亲自出面，代已经去世了的胡林翼向其他
人"化缘"，最终筹集到六千两白银，使得这所已经拖了快十年的书院最

终得以建成，而且成为整个益阳地区最好的书院之一。更令人感动的是，除了真金白银的捐赠之外，曾国藩还在百忙之中亲笔撰写了一篇文章镌刻在石碑上。这篇文章就是赫赫有名的《箴言书院记》。从曾国藩的身上，我们看到了什么叫作"一死一生，乃见交情"，使人不禁回想起那首有名的流行歌曲"朋友不曾孤单过，一声朋友你会懂"。当然，曾国藩之所以资助修建箴言书院，除了帮助朋友完成未了心愿之外，肯定也包含对老友办学这件事的肯定，因为尊师重教一直都是曾国藩所爱做的事情。

说完了"一死一生，乃见交情"这个故事之后，我想要与读者朋友分享的另一个故事是"泛舟秦淮，共寻红颜知己"。

这个故事与一所名叫钟山的书院有关。

钟山书院坐落在江苏南京，与箴言书院不同，钟山书院不是由曾国藩创办，而是由他重建的。重建的时间是在 1865 年 3 月。当时正值清军收复南京之际，可谓百废待兴，百业待举，对于曾国藩投入很大的精力重建书院这件事，许多人感到很不理解，有人当面质疑，但曾国藩不为所动，坚持推进着书院的重建工作。

为了将这所来之不易的书院办好，曾国藩甚至不惜自坏名声，与一个名叫李小湖的关键人物一起出没于色情场所，这又是怎么一回事呢？

话还得从那位神秘人物李小湖说起。李小湖又叫李联琇，此人是清代著名金石学家、藏书家李公博的儿子。李公博是清代著名书法家，近人马宗霍称赞其"书品之深，并世无偶"。虽然出身于书香之家，但李小湖早年却没有怎么享受到家的温暖。史称他父母早亡，受兄嫂欺凌，养成了比较孤僻的性格，1845 年考中进士后，先后担任过侍读学士，国子监祭酒等官职，后来在江苏学政的岗位上提前退休。1865 年正月十六，曾氏亲笔致信李氏，恳请他出山担任重建后的钟山书院山长。为了留住这位二十年前就考中进士的名门之后，曾国藩可谓不惜工本，不仅开出了高额的工资，而且还经常与他微服同泛秦淮，出没于青楼瓦舍，甚至结交了一个名妓，留下了一段所谓的佳话。后来，这个名叫春燕的妓女被别人买走，曾国藩甚至还专门写了一副对联以作纪念。

这副对联是一副藏字联，上联是"未免有情，对酒绿灯红，一别竟伤春去了"，下联是"似曾相识，怅梁空泥落，何时重见燕归来"。这副对联据说就是为了曾国藩与钟山书院山长也就是校长李小湖共同的红颜知己妓女春燕所做的。

1865年的曾国藩除了重建钟山书院之外，还在日理万机之余，主持重建了南京地区的另外两所书院：一所是惜阴书院，一所是尊经书院。这一时期的曾国藩之所以重建这些书院，很重要的一点考虑可能就是想通过修复教育机构而迅速凝聚人心，这一点倒是与后世的重大自然灾害过后，灾区最先恢复重建的常常是学校有异曲同工之处。如果我们把目光投向更广阔的视野，联系曾国藩在1865年除了重建书院之外，还曾经主持修复贡院，也就是科举考试的考场，我们可能就会更容易理解曾国藩的这番苦心。对于曾国藩的善举，包括但不限于上述三所书院的师生是感激在心的。曾国藩去世时，时任惜阴书院山长的薛时雨专门撰写了一首《挽曾文正公诗》，诗中"我率孤寒八百士，生刍奠罢一沾巾"至今读来都令人为之感动。

第三节　武力劝学，莲池书院

同治八年，也就是公元1869年正月二十七日，曾国藩出任直隶总督。清代的直隶总督驻地既不在北京，也不在天津，而是在保定。

与以往的总督不同，曾国藩甫抵保定，上任伊始，并没有像以往总督那样直接入住督署内宅，而是破天荒地直接寓居于保定莲池书院内办公，这在中国历代官员中都是极其罕见的。这就好比河北省长上任后不去省政府而去河北大学办公一样。曾国藩为什么放着总督府不去入住，偏偏要住到书院里面呢？这里面的原因有很多，究其实质，很可能与官场政治有很大的关系。

书院怎么又和官场政治联系在一起了呢？这话还得从曾国藩的前任说起。这里所说的"前任"既包括曾国藩的前一任官职，也包括曾国藩的直隶总督前任。在此次担任直隶总督之前，曾国藩的职务是两江总督。这个职务与直隶总督比起来，虽然听起来不如后者响亮，但是，却是曾国藩自己从洪秀全手里夺过来的，举目所见都是曾国藩自己的人。而直隶总督在同治一朝基本上是满族人的禁脔。听闻朝廷的任命后，虽然很多人向曾国藩表示祝贺，但曾国藩本人却忧心忡忡地认为，这是失宠的标志。再加上此前担任直隶总督这一职务的满族贵族官文一向与曾国藩兄弟，尤其是与曾国荃不和。官文去职，被迫让出直隶总督的位置，就是曾国荃上书给皇帝攻击弹劾的结果。老弟把别人干下去了，老兄再兴冲冲地去做官，这未免让人为之侧目，不像是一向以有涵养自诩的曾国藩的风格。正是基于包括但不限于上述原因，曾国藩才在上任伊始放着直隶总督府不去住，而是去住莲池书院，其目的就是向世人展示直隶总督非我所愿，官文的去职与我曾某人没有半点关系，而且我对官职也绝不恋栈。联系攻打下南京之后，曾国藩立刻上书皇帝，自请裁撤湘军一事，笔者认为，入住书院确实大有深意，而同治皇帝给曾国藩所下的任职诏书中的那句"勿拘故常而遂萌退志"也从另外一个侧面折射出曾国藩当时的心情。

既然是服务于自己的深谋远虑，自然就要把戏做足。所以，入住莲池书院之后，曾国藩真的没把自己当外人。具体来说，他首先把自己当成一个老师，主动参与了书院学生考试的命题工作。据相关史料记载，莲池书院常年有月考、岁考。岁考也就是学年大考，一般都在正月举行，岁考及格才能作为院内生留在书院继续学习。与古人相比，今天的大学生们实在是太幸福了，因为后者挂科还有重考的机会，要不怎么说社会主义好呢！当然，这是题外话了。且说那月考乃是每月举行一次的考试，考试分为"官课""斋课""古课"三项。所谓官课，是由总督、布政使、按察使、清河道员、知府所谓五大宪分别做主考官，轮流拟、阅试卷的一种督察性质的考试。考试不仅是考学生，同样是考老师。到任后的第十五天，即同治八年（公元 1869 年）二月十三日深夜,曾国藩还在为出什么题目而苦苦思索。"因明日考书院, 久不理八股故业, 故出题须略审慎。"考试出题可是一个技术活,弄得不好,就有可能丢脸,出笑话,晏殊的遭遇就是一个典型例证。晏殊,字叔同,是北宋时期抚州临川人。据相关史料记载,他七岁能属文。宋真宗景德初年,张知白为官江南,以神童推荐晏殊参加进士考试。晏殊与进士千余人并试廷中,神气不慑,援笔立成。真宗皇帝对他非常欣赏,赐以同进士出身。当时的宰相寇准曾经对此颇有异议。

几天以后,晏殊参加复试,拿到题目之后,马上向主考官提出,要求换一个题目。"什么,换题目？"那个主考官非常吃惊地问。晏殊不慌不忙地回答说:"这道题我做过"——这件事令当时的出题人很没面子。

作为一个名声在外的大学士,曾国藩承揽的这个活计可实在不是什么好活计,万一运气不好碰上一个晏殊那样的学霸,那老脸还不丢尽了。其实,碰上晏殊那样的主还不算最不幸,如果一不慎重,就有可能出政治性错误,甚至掉脑袋。

记得雍正年间一个有名的文字狱,故事的主角查慎行的弟弟查嗣庭,也就是当代著名作家金庸的先祖,被派去江西做考官。他出了一道考试题:"维民所止"。这四个字源出《诗经·商颂·玄鸟》,原文是"邦畿千里,维民所止",大意是说,国家广阔土地,都是百姓所栖息、居住的,有爱民之意。应当说,这个题目完全合乎儒家的规范,没什么问题。但是,当时盛行文字狱,雍正皇帝听说后,觉得"维止"两字是"雍正"两字去了"头",这岂不是要杀自己的头吗？这一下不得了,于是下令将查嗣庭全家逮捕严办。查嗣庭狱中病死后,仍遭戮尸枭首。亲族、弟子多人受株连。查嗣庭的一个女儿远徙边塞,在流放途中写了一首哀婉动人的题壁诗:"薄命飞花水上浮,翠蛾双锁对沙鸥。塞垣草没三秋路,野戍风凄六月秋。渤海频潮思母泪,连山不断背乡愁。伤心漫谱琵琶怨,罗浮香消土满头。"

包括但不限于上述这些情况,饱读诗书的曾国藩不可能不知道,但他还是知难而进,最终非常认真地给莲池书院的莘莘学子出了从哪方面都无可挑剔的考试题。

可惜的是，当时的莲池书院并不是曾国藩理想中的净土，书院学生大都沾染了不少恶习，其中最不能令人容忍的就是考试的时候不守规矩。据相关史料记载，曾国藩到任后的五月十三日莲池书院例行月考时，尽管由曾国藩亲自监考，但令人意想不到的是，莲池书院"官课，诸生多不交卷，一哄而散"。曾国藩并不气馁，在与书院山长李嘉端详细商议后，在十八日上午亲自带领衙役捕快到书院"送"闹事的诸生"补行斋课"，用今天的话说，就是动用"警察"强行劝说不学习的学生参加考试，化解了这场风波。

经过这件事之后，曾国藩突然发现，莲池书院已经成为一个必须引起高度关注的地方，而且，他还发现，他不得不更换书院的山长，也就是校长，这又是为什么呢？

话还得从当时的山长李嘉端说起。李嘉端其人，当时虽然只是一个小小的校长，但却与当时的最高统治者结下了"不解之缘"，确切地说，是结下了不解之"仇"。这又是怎么一回事呢？话还得从许多年以前说起。原来，许多年以前，有一个名叫惠征的人，担任大清帝国的宁池广太道之职。太平军攻克安庆和芜湖之时，这位惠征大人竟然临阵脱逃，带了一万两银子以押解饷银为名逃往了南京，被一个官员参劾临阵逃脱。咸丰帝一怒之下将其解职查办。惠征惊骇过度，一病不起，于咸丰三年（公元1853年）六月初三日死于镇江。这个参劾惠征的官员不是别人，正是时任刑部左侍郎的李嘉端；而这位惠征惠大人，不是别人，正是慈禧太后的老爹。

慈禧太后这个女人大权在握之后，一向是有恩报恩，有仇报仇的：吴棠原本只是一个小小的知县，但却先后担任过漕运总督、两广总督、闽浙总督、四川总督等封疆大吏，是他本人有什么过人的才能吗？当然不是，至少不完全是，究其原因，可能与他早年曾经将错就错，雪中送炭给未曾发迹的慈禧太后姐妹有关。据恽毓鼎的《崇陵传信录》记载，慈禧太后的父亲惠征客死异乡，当时尚未进宫的慈禧与妹妹二人举目无亲，扶着父亲的灵柩返乡，途径清河县（今江苏淮阴）地界时，时任该县县令的吴棠派遣手下人送三百两白银给刚刚过世的好友刘某，却误打误撞地送到了载有惠征灵柩的船上。听了手下人报告后，吴棠将错就错，亲自前往吊唁。这种雪中送炭的行为，给慈禧姐妹留下了深刻印象。所以，一旦掌握了最高权力，慈禧太后立即不遗余力地提拔吴棠。在有恩报恩的同时，慈禧太后肯定不会忘记有仇报仇的。所以，作为莲池书院驻在地的最高行政长官，曾国藩必须考虑慈禧太后的感受。从这个意义上说，李嘉端也是非去职不可的。

考虑到李嘉端毕竟是一个科举前辈，所以，曾国藩虽然想要解聘，还需要给对方留些面子，这对于一向练达人情世故的曾国藩来说也不是什么难事。经过一番统筹协调，曾国藩终于将李嘉端请走，然后请来一位名叫王振纲的人接替李的职务。

曾国藩深知，欲使直隶社会稳定和谐，民生恢复，应以教育为先导，所以，在同年七月专门撰写了一篇文章，这篇文章名叫《劝学篇》。对，没错，就是《劝学篇》。中国古代名人中写过《劝学篇》的有好几个，比如荀况，比如张居正。曾国藩写的《劝学篇》全称是《劝学篇示直隶士子》。他在《劝学篇》一文中平心静气地指出，河北一代传统的豪侠之气未可深贬，但是，治学时也不难入圣贤之道，并且指出燕赵文化与圣贤之道可从三个方面进行结合，进而结合自己的心得为大家指出了一条全新、宽广的时代命题。

赵尔巽在《清史稿》中称"国藩事功本于学问，善以礼运。公诚之心，尤足格众。其治军行政，务求蹈实。凡规画天下事，久无不验，世皆称之，至谓汉之诸葛亮、唐之裴度、明之王守仁，殆无以过，何其盛欤！国藩又尝取古今圣哲三十三人，画像赞记，以为师资，其平生志学大端，具见于此。至功成名立，汲汲以荐举人才为己任，疆臣阃帅，几遍海内。以人事君，皆能不负所知。呜呼！中兴以来，一人而已。"曾国藩为什么能够成为"中兴以来，一人而已"？很重要的一个原因就是他终生保持了与包括但不限于书院在内的人才培养机构的密不可分的关系，所谓"事功本于学问"说的就是这个意思。

一位名叫赵衰的古人曾经说过，成功人士应该"说礼乐，熟诗书，为元帅"。另外一位名叫孙叔豹的古人则认为，成功人士应该"太上立德，次立功，次立言，谓为三不朽"。这样的人古往今来可谓少之又少，但是曾国藩却做到了。曾任浙大中文系教授的著名学者胡哲敷在一篇文章中写道："五百年来，能把学问在事业上表现出来的，只有两人：一为明朝的王守仁，一则清朝的曾国藩。"曾国藩之所以能够如此出色，我想原因有很多，其中很重要的一点应该离不开相关书院对他的启迪。书院不仅帮助他养成了良好的生活习惯，更帮助他开阔了人生的境界，奠定了他经世致用的基础，而他也投桃报李，竭尽自己所能回馈书院，为了相关书院的可持续发展尽心尽力，留下了一段段感人至深又发人深省的佳话。

天下大势，浩浩汤汤，顺之者昌，逆之者亡。有人说他『不愧为诤臣、能臣、良臣』，也有人说他是『不言革命之大革命家』，更有一位美国学者认为在他的一生中『中国教育的形态发生了根本性变化，对此，他的努力具有决定性意义』。他是谁？都做了什么？请看——

第十章

张之洞与书院的那些事

微信扫一扫
获取本章视频

张之洞，字孝达，号香涛，因曾任总督，那个时代总督又常常被人称为"大帅"，所以当时人又称他为"张香帅"，是晚清名臣、清代洋务派的代表人物。张之洞的一生也与书院结下了不解之缘。

第一节　读书之地也是考试之所

今天的贵州省安龙县有一所独特的书院。之所以说它独特，是因为它还有一个名字，叫作"试院"——考试的试，书院的院。这所书院名叫兴义府试院，少年时的张之洞曾经与这所独特的书院结下了独特的关系。

古代有根据地名称呼人的习惯，据说，清末曾经流行一副饱含讥讽的名联，叫作"宰相合肥天下瘦，司农常熟世间荒"。上联"合肥"就是用地名代指当时事实上的宰相李鸿章，因为他是安徽合肥人，下联"常熟"也是用地名代指出生于江苏常熟的大司农翁同龢。又如唐代诗人孟浩然是襄阳人，故而人称孟襄阳；张九龄是曲江人，所以人称张曲江；柳宗元是河东（今山西永济）人，故而人称柳河东；北宋王安石是江西临川人，故而人称王临川；清初学者顾炎武是江苏昆山亭林镇人，所以被称为顾亭林；康有为是广东南海人，是以人称康南海；提起张之洞，还有一个别称，叫作张南皮。南皮是一个地名，在今天的河北省。有人据此推断，说张之洞出生于河北南皮，这完全是望文生义想当然。其实，张之洞只是祖籍河北南皮，他本人却是在贵州出生的。听到这里，有朋友可能忍不住就要问了，祖籍河北的张之洞为什么会在贵州出生并在那里度过少年时代呢?

要回答这个问题,就不能不提到张之洞的父亲张瑛。张瑛,字右甫,一字春潭,此人知识广博但却时运不佳,虽然早在嘉庆十八年,也就是公元1813年就中了举人,但却在之后连续六次朝廷组织的会试中屡考不中,一直没能考中进士,没办法,只好以举人的身份,通过"大挑"的方式远赴贵州,出任贵州安化知县。后又担任过清平、德江知县,因为业绩突出,被任命为安顺知府、黎平知府、遵义知府;道光二十一年,也就是公元1841年出任兴义知府。张瑛这个人,可谓文武全才,不仅在担任知县时擅长剿匪,担任知府之后,更是热心于文化教育事业。升任兴义知府的头一年,他见原有的旧试院远在城外,破烂不堪,加上生童往来辛苦,便与下属商议,就近择地另建新试院。要建设新试院,这是件好事,但钱从哪里来?依靠上峰拨款,那根本没戏。为了办成这件事,张瑛把担任知县以来的工资积蓄一千两白银全部捐出,并倡导各开明绅士和开明商人捐资三万零八百两白银,还积极奔走呼吁,亲自组织工匠建设。第二年年底,由他亲自主持重修的兴义府试院落成。这所教育机构虽然以"试院"为名,但却有"书院"之实。据清代咸丰年间编纂的《兴义府志》记载,新试院落成后,"平时课书院士子,摆其优秀出众者,读书其中",张镇本人则"时过从,亲为讲论"。

特别值得一提的是,张瑛本人对于教育的重视绝不仅仅是停留在对书院的重视上,在安龙,至今还流传着一个张镇为读书人"添灯油劝学"的故事。这个故事说的是在担任兴义知府期间,张瑛看到当地许多读书人因为家境贫寒,晚上买不起灯油读书,于是,就拿出自己的钱买来灯油,每天傍晚的时候,就派两个差役从知府衙门中出去,前面的一个提着灯笼,后面的一个挑着桐油篓,沿着大街小巷游走,只要见到哪户人家有读书声,便会停下来敲门,高声说:"请开门,府台大人派我们来给相公加油!"等读书人开门后,后面的一个差役便放下油篓,从油篓中舀出清亮的桐油,倒进这个读书人的灯盏里,并补上一句:"府台大人祝相公读书用功,早早获取功名。"随即又向另一户亮着灯光、有读书声的人家走去。就这样，每晚给城里的读书人加灯油，张锳前后坚持了十三年，不管天晴下雨，夜夜如此。当地百姓都知道，这是知府张锳对读书人的厚爱、关照，于是更加发奋学习。这以后，不断有人参加府试、乡试和会试，其中景其浚更是在 1852 年，也就是咸丰二年考中进士，先后担任过顺天乡试同考官，陕甘、河南、安徽三地学政，官至内阁学士兼礼部侍郎。在张锳的不懈努力下，兴义府学风兴盛，培养出一大批人才。

张之洞就是在这样的背景下进入兴义府试院读书学习的。张之洞出生于公元 1837 年 9 月 2 日，而兴义府试院建成于道光二十二年，也就是公元 1842 年。进入兴义府试院之前，他先后跟着好几位老师就学，其中丁诵先、韩超两位老师给他的影响较大。前者是道光十八年，也就是公元 1838 年的进士，官至翰林院侍读；后者则累官至贵州巡抚。

既然有这么好的老师，张瑛为什么还要让儿子进兴义府试院读书呢？我想，原因可能有以下几个，或许可以用两个"熟悉"来加以概括。第一个"熟悉"是想让儿子提前熟悉一下考试气氛。清代士人在通过科举求取功名的漫漫"长征"路上，一般都要过"三关"。哪"三关"呢？一是考取生员关，二是考取举人关，三是考取进士关。进士是每个读书人都向往的，不想当元帅的士兵不是好士兵嘛！但要想成为进士，就要先成为举人，而要想成为举人，则要先成为生员，也就是我们通常所说的"秀才"。秀才也好，举人也罢，都要通过考试才能够获得。考试总得有个地方吧，这个地方在中央一级一般叫作"贡院"，而在府县一级则叫"试院"。"贡院"也好，"试院"也罢，都不是谁想进去就能够随便进去的地方，即使是进去参加考试里面也是有许多规矩的。据相关史料记载，这些规矩主要包括以下内容：一开始是"点名识认"，所谓"点名识认"用今天的话说，相当于一种原始的人工"人脸识别技术"，监考老师通过"点名识认"临场辨别参加考试的人，准确无误后才会签字放行；经过识认后，考生还不能进入考场，要经过第二道关口"搜检"，所谓"搜检"就是搜身检查考生所携带的物品，经过搜检确认没有夹带之后，方可进入具体的考位。古代考场与现代考场最大的不同之处在于，不是一人一张桌子，几十人坐在一个考场，而是每人一个小房间，即所谓"号舍"，没有特殊情况，考生不能到号舍外随意走动。如果乱出号舍，一经发现，就会被立即赶出考场。如果在场内制造不稳定因素，则"照例黜革枷示"。考完了交卷也有规定。交卷后，考生仍由规定的通道直接出来，不得任意驻足，偷窥号舍，更不准另入别号。包括但不限于上述关口哪怕错了一步，轻则遭到训斥，重则被逐出考场，甚至被追究刑事责任。张之洞他爹让他到兴义府试院读书，肯定不排除有先熟悉一下未来"战场"的考虑，尽管后来他并没有在这所试院参加秀才考试，但天下试院规矩都差不多，早一点进入一所试院熟悉一下也没有任何坏处。

除了熟悉一下考场环境之外，进入作为书院的试院读书的另外一点好处是可以帮助年少的一向只在自己家里读书的张之洞熟悉社会，以便更好地融入社会；用今天的话说就是更好地"社会化"。我们都知道，人具有多重属性，要成为真正意义上的人，就必须想方设法融入社会。喜欢三国历史的朋友不知道有没有将诸葛亮的儿子与刘备的儿子做过比较，为什么同样是"二代"，刘备的儿子刘禅远远比不上诸葛亮的儿子诸葛瞻呢？要知道，前者可是"董事长"的公子啊，而后者充其量也不过是"总经理"的后代。除了两个人自身的原因之外，我想，我们不妨换一个视角，从他们的父亲留给他们的"座右铭"看一看能不能寻找到一些端倪。诸葛亮在写给自己儿子的那篇有名的家书《诫子书》中曾经语重心长地告诫儿子诸葛瞻不要"多不接世"，而刘备留给儿子的座右铭则是"勿以善小而不为，勿以恶小而为之"。应当说，两则座右铭都不错，但倘若从帮助作为"自然人"的小孩子尽可能好地向"社会人"转变的角度加以考量，我们就不得不承认还是孔明先生的告诫更高明一些。罗贯中在《三国演义》中评价诸葛亮的儿子诸葛瞻是"智谋虽不扶危主，忠义真堪继武侯"，而对刘禅的评价则是"五十四州王霸业，等闲抛弃属他人"。诸葛瞻之所以能够"忠义真堪继武侯"，是因为他很早就能够妥善地处理好与别人的关系，而刘禅却因为老爸给他定的标杆太高，一直没有很好地社会化，结果活得一塌糊涂。同样的道理，张之洞后来能够有那么大的成绩，尽早地进入书院结交识文断字的朋友从而更好地社会化肯定也是其中重要原因之所在。

由于受父亲张锳的影响，进入试院学习后的张之洞更加勤奋好学。俗话说，木秀于林，风必折之，如此少年才俊，自然招来别人的羡慕嫉妒恨。当时的兴义府试院可谓藏龙卧虎，除了张之洞之外，还有一个官宦子弟。此人乃是当时的贵州学政的女婿，已经年近三十，自以为才高八斗，学富五车，张之洞的到来，令他十分纠结，屡屡和这位十一岁的小师弟争强斗胜，这让兴义府试院的掌门人山长感到十分为难。清代的教育机构属于垂直管理，省里的学政对于府县一级的教育部门官员拥有直接管辖权。换句话说，兴义府试院的山长是归贵州学政直接管辖的。但是，山长毕竟不可能生活在真空里，一边是直接上级的女婿，一边是本地最高长官的儿子，帮谁都难免得罪另外一方。无奈之下，他想了一个一考定高低的主意，广邀贵州全省名人大家，前来兴义府试院，见证这次考试，考试的题目是"半山亭记"，要求是三个时辰之内写出一篇可圈可点、足以打动各位名人大家的文章。考试那天，一开始时学政女婿领先，张之洞还在那里构思的时候，他就已经交卷了，这个时候，差不多已经过了两个时辰。就在大家暗暗叹息的时候，只见张之洞提起笔来，唰唰点点恰好赶在规定的时间内交卷。为了避免不必要的麻烦，山长老先生采取了正规考试才采取的匿名评审的方式，先让人用标准的楷书将学政女婿和知府公子的考卷誊录了一遍，然后分发给各位名人大家，让他们评判，最后大家一致认定其中一篇文章写得最好，特别是其中的"岳阳之楼，晴川之阁，不有范、崔之品题，则巍观杰构，沉沦于滨湖江渚矣"，让许多怀才不遇的读书人想到了韩愈老先生的那句名言"千里马常有，而伯乐不常有"，读来不禁为之点赞。从文章的老辣程度看，许多人都认为作者肯定是学政女婿，但谜底揭晓后却是知府公子。经过这件事以后，张之洞可谓一考成名，而兴义府试院也像张之洞这篇文章中所说的那样"因人而彰"，因此为全省读书人所熟悉。

第二节　一盘大棋赢来一座书院

据《历代日记丛钞》记载，有一次，曾国藩与一个名叫范鹤生的人在南京莫愁湖上雅集，宾主相谈正欢之际，曾国藩忽然长叹一声对范鹤生说："我有一事不如汝。"翻译成现代汉语就是"我有一件事比不过你"——曾国藩当时已经贵为两江总督，而范鹤生不过是一个从七品的内阁中书，用今天的话说，只不过是一个副处级干部。堂堂的省部级领导说自己不如一个副处级干部，这让范鹤生如何担当得起，于是赶紧说了一大堆诸如自己"才疏学浅"之类的客气话。曾国藩摆了摆手，慢慢说道："之所以说不如你，是因为你有一个好门生，而我没有啊！"曾国藩所说的"好门生"是谁呢？当然不是别人，正是本章的主人公张之洞。因为张之洞参加科举考试时范鹤生是阅卷官，在封建时代这样的关系属于师生关系，而且也是范鹤生力主录取张之洞的，所以曾国藩才称张之洞是范鹤生的好门生。说到这里，也许有朋友忍不住要问，很少这么直白夸人的曾国藩为什么对张之洞如此推许呢？原因其实很简单，就是因为张之洞一生都大力兴学办学，帮助国家培养人才，曾国藩看中的其实就是这一点。

战国时期的荀子写过一篇有名的作品《劝学篇》，其实，张之洞也写过一篇《劝学篇》。张之洞不仅写过《劝学篇》，而且非常乐于劝学、办学，这在古代名人中也是不多见的。而他的兴办书院之路是从担任学政职务以后开始的。

学政虽然号称与按察使同级，属于一省最高教育官员，但是，要想创办一所当时意义上的大学，也不是一件容易的事情。张之洞的独家秘诀是"拉大旗"，请大官出面共襄盛举。湖北的经心书院是他说服时任湖广总督李鸿章创办的，四川的尊经书院则是他说服时任四川总督吴棠共同创办的。提到尊经书院的创办还有一个"一盘大棋赢来一座书院"的故事。

故事说的是张之洞一开始想要说服吴棠支持创办尊经书院的时候，屡屡遭到了后者的拒绝。耐不住张之洞的软磨硬泡，被搅得焦头烂额的吴棠就派人给张之洞送来一封信，大意是说，我有前人留下的围棋残局一个，想就此向你讨教一番，倘若你能够赢了此局，老夫当竭尽全力助你兴办书院。如果不知道吴棠和张之洞情况的人可能会觉得这是一件雅事。据说东晋时期，谢家子弟领兵取得淝水之战胜利的时候，谢家领军人物谢安就正在与别人下围棋。但是，这根本就是一个不平等约定，吴棠本人是围棋高手，曾经在十七天内与曾国藩酣战六十八局棋，而张之洞本人基本上是一个围棋菜鸟，两个人比赛下围棋，相当于拉姚明来与聂卫平对弈，胜负早就已经确定了，何况吴棠派人送来的残局竟然是"珍珑棋局"。什么是"珍珑棋局"？看过金庸小说《天龙八部》的朋友想必还记得那本书里面的一个情节：逍遥派掌门人无崖子花了整整三年的时间摆出一个棋局，命令弟子苏星河当擂主，邀请天下英雄来破解。悬赏三十年，黑白两道的高手均无人解得，那个残局就是"珍珑棋局"。小说中的"珍珑棋局"是被虚竹和尚闭着眼睛以"自添满（也就是自杀一大块解放全局）"的手段胡乱撞开的，张之洞最终也是采用类似的办法给人们以惊喜，解开了看似无解的残局。

当他将破解之道写信告诉吴棠的时候，后者目瞪口呆，连称不可思议，只好认赌服输，倾尽全力帮助张之洞创办尊经书院。

创办一所书院已经不易，办好一所书院可能更难。想一想清华大学老校长梅贻琦先生的"大楼"与"大师"的经典论述，再看看而今现下眼目前的某些所谓高校，相信读者朋友就不会说我说瞎话了。那么，张之洞是怎么做的呢？他的做法是"编大著"。梁启超听说过吧？他可是中国近代的学问大家啊。梁启超的老师是谁？许多人可能都会回答是康有为，但却不一定知道，他心目中的老师其实是张之洞。梁启超曾经不止一次对人说过，他是在读了《书目答问》这本书之后才知道世间有学问的。《书目答问》的作者是谁？不是别人，就是张之洞。毛泽东的老师是谁？徐特立啊，毛泽东曾经说过"您二十年前是我的先生，今天仍然是我的先生"，徐特立的老师又是谁呢？此人名叫陈云峰，陈云峰当年点拨徐特立的时候，向后者推荐的教材是什么？也是《书目答问》。《书目答问》就是张之洞在担任四川学政，创办尊经书院时，专门为尊经书院的学生"提示治学门径"而作的。由于这本书简明扼要，便于一般读者理解，所以，很快就在国内流行开来，至今仍是国学研究者非常重要的参考书。有人曾经总结张之洞在四川期间为尊经书院所做的五大贡献，分别是会商总督、延聘名儒、手订章程、扩大庋藏（也就是收藏）以及开设书局。

第三节 一大盘鱼翅留住一个书院校长

说完了"一盘大棋赢来一座书院"的故事之后，我们不妨再与读者朋友们分享一个"一大盘鱼翅留住一个书院校长的故事"，这个故事与一个名叫梁鼎芬的人有关。光绪十三年，也就是公元1887年，五十岁的张之洞以两广总督的身份主政两广，打算创办一所名叫广雅的书院。

这一时期，他所创办的书院主要有广雅书院和两湖书院。其中广雅书院地处广州，而两湖书院则在武汉。

创办这所书院时张之洞已经不再需要"拉大旗作虎皮"了，因为他本人就已经是一杆响当当的大旗了。但他并没有放弃那个"大"字，只不过不是"拉大旗"，而是"请大师"，坚持延聘品行端正、才能出众的专业人才出任书院院长。

广雅书院的四任院长都是饱学之士，并且都是进士、入翰林院授编修（翰林院编史官）。尤为可贵的是，张之洞敢于大胆起用刚正不阿、冒犯朝中权贵的梁鼎芬和朱一新担任头两任院长。朱一新就不说了，且说那梁鼎芬可不是一般的人，此人刻有一个"年二十七罢官"的印章。什么，"二十七岁被罢官"？有没有搞错？要知道，许多人二十七岁才刚刚在官场起步，怎么会被罢官呢？这是怎么回事呢？原来，这里面有一段惊心动魄的故事，故事说的是在中法战争期间，时任北洋大臣的李鸿章不思进取，反倒一味主和，时任翰林院庶吉士的梁鼎芬看不惯，于是上书皇帝，弹劾李鸿章有六大可杀之罪，指责李鸿章与法国议约时在中越问题上处理失当。翰林院庶吉士是中国明、清两朝时翰林院内的短期职位，从科举进士中选择有潜质者担任，目的是让他们可以先在翰林院内学习，之后再授各种官职，情况有如今天的见习生或研究生。一个见习官员竟然挑战国家重要领导人，这让当时对李鸿章信任无比的慈禧太后非常愤怒。太后一发怒，问题很严重，梁鼎芬于是被以"妄劾"罪，连降五级，到太常寺去做司乐小官。传统故事中我们听说过连升三级的张好古，却很少听说有人被连降五级，这在当时乃是一个非常严厉的惩罚，其严厉程度甚至超过了撤职，因为撤职之后，如果被重新启用的话，一般是官复原职，而连降五级，即使是被重新启用的话，一般也只能一级一级往上爬。就在别人为他愤愤不平的时候，梁鼎芬却自己刻制一方"年二十七罢官"的小印，辞官不做，将妻子托付给好友文廷式之后，南下广东，出任广东惠州丰湖书院院长。广雅书院开馆，张之洞想要邀请梁鼎芬出任校长。梁鼎芬有些犹豫，后来几经考虑，终于答应了，出任广雅书院首任院长，后来也一直得到张之洞的赏识与庇佑。张之洞调任湖广、两江总督，梁鼎芬皆主讲于两湖书院、南京钟山书院。张之洞对于梁鼎芬，套用一句古话，那可是"解衣衣之，推食食之"，知道他喜欢吃鱼翅，每逢举办宴会时，张之洞都要准备鱼翅一大盘给他大快朵颐。1895 年康有为想要在上海创强学会，深知张之洞心思的梁鼎芬极力促成张、康合作，并于这一年的 11 月促成张之洞与康有为会面。此时，张之洞正因次子溺死而伤痛不已。经梁鼎芬牵线，康有为与张之洞隔日一谈，每至夜深，从而得以"合请香涛为发起人"，促成张之洞慨然应允捐资银两作为会费。张之洞死后，梁鼎芬亲往送葬至南皮，一路上痛哭失声，响彻云霄。

说完了"一大盘鱼翅留住一个书院校长的故事"，我们不妨再来与读者朋友们分享一个"一路频频点头打躬"的故事。这个故事与两湖书院有关。网上曾经流行过一个段子，说的是，张之洞非常重视身教，在校外遇见学生时，无论自己坐车还是坐轿，凡是学生向他行礼他都站起身来，微笑点头，表示还礼。新入学的一个学生不相信，在休假时就联络了几十名新生，到张之洞住处附近的马路上溜达，每隔十多丈站一个人，见张之洞乘坐的轿子来了，身穿两湖书院校服的学生就向他行礼。张之洞见了马上扶着轿辕站起来，微笑着点头作答，然后才坐下，可是没走几步，又一个学生向他敬礼，他又站起来点头还礼。走不几步，又有一个……就这样，一段不长的路上，张之洞竟遇上了几十个学生，站起、坐下，站起、坐下，折腾个不停。起初他还感到奇怪，想不明白是怎么回事，后来遇到的学生越来越多，他猜到了：是这批新来的调皮蛋在有意戏弄他。但他并没有发火，只是感到好笑，但当一个个学生向他行礼时，他依旧若无其事地一次次站起来，微笑着点头致意。事后，这批学生兴奋不已，欢笑不止。为了纪念这次"验证活动"，他们还写了一首打油诗："香帅坐轿去衙，不比走路轻松。连连站起坐下，频频点头打躬。"这首打油诗传到两湖书院"校长"梁鼎芬的耳朵里，他大为震惊：戏弄朝廷一品大员，这还得了！梁鼎芬赶忙到督衙报告了此事，并打算开除恶作剧的学生。张之洞听后，哈哈大笑起来，说道："新生入学，对两湖书院的一切都感到新奇，自然对我这个兼任书院总监的总督更感到神秘。乡村先生讲究师道尊严，动不动就训之以戒尺、罚之以板子，谁相信总督大人对学生会以礼相待呢？他们要试一试，这说明他们多求索而少盲从，多自强而少懦怯。对他们只可训导，不可处罚，更谈不上开除。"并随口吟道："今朝敢戏大臣，日后必成大器。玉美贵在工琢，成功全靠自己。"此事传出后，学生们对张之洞有了更好的印象，渐渐地和他产生了更加和谐而融洽的师生感情。学生们有什么喜怒哀乐都愿意与张之洞交谈，张之洞也常常因为与他们聊得起劲，而把许多等候接待的官员晾在了一边。

正是因为这种不摆架子、不装样子的可亲态度，才使得两湖书院这所由清政府高级官员张之洞亲手创办的学府却一手培养出旧制度的两个掘墓人。这两个掘墓人分别是唐才常和黄兴。前者是反清自立军领导人，后者则是辛亥革命的重要领袖之一，他们都曾是两湖书院的学生。

第四节　张之洞办学引发的思考

纵观张之洞与书院的关系，倘若用一个字来加以概括的话，我想这个字应该是一个"大"字。从最早的《半山亭记》中写到的"乐民之乐"的立大志，到后来的创办尊经书院时的"拉大旗""下大棋"，再到后来兴办广雅书院时的"请大师"，以及两湖书院时的"育大才"，一生可谓鞠躬尽瘁。

据相关史料记载，文化名人也是文化怪人的辜鸿铭曾经拿张之洞与曾国藩做过比较，认为张是"儒臣"，而曾国藩是"大臣"，"国无大臣，则无政，国无儒臣则无教。教之有无关人类之存灭"，他认为张之洞"图富强，志不在富强也。盖欲借富强以保中国，保中国即所以保名教"。这话说得还是有几分道理的。张之洞的一生可是得到了包括毛泽东在内的无数先哲们的高度肯定的，而他的一生也正见证了传统书院由盛转衰，乃至一度湮灭的全过程。

写到这里，笔者忍不住要发几句感慨：俗话说"天下大势，浩浩汤汤，顺之者昌，逆之者亡"！传统书院存续了近千年，为什么在清代走向了没落？是没有文化底蕴吗？

当然不是，从朱熹到王阳明，从范仲淹到曾国藩，无数文化大家与书院结下了不解之缘。是书院办学条件不足以支撑其存续吗？恐怕也不是，因为即使到了清末，由于习惯所驱使，许多书院还是由官方提供资助的，用今天的话说那时候的书院相当于今天的事业单位，事业单位再差，又有多少倒闭的呢？！

我认为，传统书院最终走向没落的原因有很多，但是，概括起来说就是两大"惯性"强烈撞击的结果。所谓两大"惯性"，一个来自传统书院内部，一个来自传统书院外部。前者是指由于历史过于悠久，在有丰厚底蕴的同时，难免会背上沉重的历史包袱，所培养的人才只能按部就班，并不能够满足飞速发展的社会的需求，改革起来则困难重重；后者是指由于包括但不限于甲午战争、庚子之变等原因，中华社会面临"数千年未有之变局"，飞速变化的世界需要新的机构培养新的人才，而传统的教育机构——书院无法满足这一合理需求。这两大"惯性"谁都不肯买谁的账，相向而行，狭路相逢，最终导致书院退出历史舞台，这是时代的必然，也是历史的宿命。

据相关史料记载，在扼杀掉戊戌变法之后，身为守旧派势力总代表的慈禧太后唯独将"停办包括传统书院在内的旧式教育机构，创立新型学校"这项变法内容保留了下来，并且以相当于法律文件的方式昭告世人，这就是有名的《奏定学堂章程》。

有意思的是这个废弃传统书院，创办新型学校的文件居然也是由张之洞等人领衔起草的，该章程对中国近代教育产生了相当重大的影响。从这个意义上说，张之洞既是旧式书院的热心守护者，又是它的掘墓人，这不是张之洞本人首鼠两端，而是历史发展的必然。

当然，进入21世纪以后，中国许多地方又出现了各种各样的书院，但是，这些书院只是现行教育机构的有益补充，而非简单的复古，这一点乃是确定无疑的。

回望历史，"不爱今人爱古人"和"不爱古人爱今人"都是不可取的！我们应该像杜甫他老人家当年所倡导的那样"不薄今人爱古人"，对那些于国家与民族有用的东西都能够做到兼收并蓄，对于传统书院是如此，对于其他东西也应是如此！

后记

"网红"并非今天才有，中国古代虽然没有网络，但是却有着各种各样的"朋友圈"，尤其是在文人墨客当中，所谓"人以类聚，物以群分"说的就是这个意思。

名列古代各种"朋友圈"榜首的肯定当属文化名人，所谓"天子重英豪，文章教尔曹，万般皆下品，惟有读书高"说的就是这个意思。

如果把各个朝代累积起来加以计算，以下这些人：范仲淹、王阳明、曾国藩、左宗棠、张之洞等的网络累计点击量动辄上千万——2016 年 11 月 1 日，笔者百度了一下"曾国藩"，找到相关结果约 25，700，000 个，百度了一下"王阳明"，找到相关结果约 16，200，000 个——更不要说包括但不限于上述这些文化名人对于中国文化乃至中国历史的卓越贡献是那些"网红小鲜肉"们所望尘莫及的，所以，从这个意义上说，笔者认为他们也是"网红"！

与那些"在现实或者网络生活中因为某个事件或者某个行为而被网民关注从而走红"的"网红"不同，包括但不限于上述这些文化名人所构成的"网红"群体并不关心如何与旁观者的审美、审丑、娱乐、刺激、偷窥、臆想以及看客等心理相契合——后者这些乃是而今现下眼目前所有"网红"的"成功秘诀",而是殚精竭虑地做好那些他们认为有益于民族优秀文化传承的事情,如创办各种各样的书院,或者尽己所能为所在时代、所在区域的书院的可持续发展尽一把力。从这个意义上说,正是包括但不限于这些"网红"的存在和不懈努力,才构成了国学的心脉,赓续了中华优秀传统文化,并将其发扬光大;而"书院"则是这些先贤们赓续中华优秀传统文化的重要抓手。

书院是中国古代重要的文化教育机构,同时具备教育教学、文化传承、图书出版、先贤祭祀、学田管理等职能。

说到"书院",不能不提到中国古代的教育。长期以来,的确是很久了,许多"言必称希腊"的"西粉"们在谈到国外,具体一点说就是西方的大学时眉飞色舞,而往往有意无意地忽视了"书院"这一具有鲜明中国特色的教育机构(主要是高等教育机构)的存在。

据史料记载,周景王十八年(公元前527年),一个名叫籍谈的晋国大夫出使周王室。宴席间,周景王问籍谈,晋何以无贡物,籍谈大言不惭地答道,晋从未受过王室的赏赐,何来贡物。周景王列举了王室赐晋器物的旧典,并责问籍谈,身为晋国司典的后代,怎么能"数典而忘其祖"——这就是成语"数典忘祖"的由来。

许多人鄙视阿Q,但笔者更不愿意同胞当籍谈,所以,不揣浅陋,回望不该遗忘的历史,为了吸引更多的人参与,用"网红"这个概念将古代名人与今天的生活联系起来,意在向读者介绍中国古代书院和那些为创办各种各样的书院,或者尽己所能为所在时代、所在区域的书院的可持续发展尽一把力的先哲们。

一个没有伟人和文化传统的民族是可悲的,有了伟人和文化传统而不知道珍惜、尊敬和继承的民族是可耻而又可怜的!

本书系作者在中国教育电视台《国史演义》栏目的讲稿。电视传播的进入"门槛"很低,受欢迎的"门槛"却很高,无数精英在纸质传播领域叱咤风云,但却常常在电视传播领域铩羽而归,究其原因,可能是与没有调整好"三态"有关。所谓"三态",一是"心态"。与纸质传播不同,电视传播本质上属于大众传播,应该而且必须坚持以受众为中心,用主流话语加以表述就是要将自己的心态调整到坚持以人民为中心的创作导向上来。二是"体态"。与纸质传播不同,电视传播是瞬时传播,必须要将自己的体态调整到让观众感觉到舒服上来,要由纸质传播的"俯下身子"调整到"蹲下身子",这样观众才不会轻易调台。三是"语态"。能用大白话讲的尽可能不要故弄玄虚,用袁枚的诗加以表述就是"不矜风格守唐风,不和人斗诗韵工"。这"三态"的调整乃是一门艺术,我"虽不能至,心向往之"!

感谢中国教育电视台台长袁小平先生对我们这部书稿给予的极大的关怀和非常有见地的指导。说实话,没有袁台的大力支持,就不会有本书赖以成型的相关电视节目,就不可能有相关书稿与出版社的合作。在对我的工作予以充分肯定的前提下,袁小平台长于百忙之中为本书撰写了序言。感谢江西教育出版社的领导独具慧眼,决定出版此书,感谢本书编辑张延先生、杨心远女士和李蕴瑾女士,我们虽然由于种种原因,一直无缘谋面,但却通过电话和微信、电子邮件一直在反复沟通。沟通过程中两位编辑对于编辑工作的精益求精给我留下了非常深刻的印象,而他们对于作者的尊重更令我感动,使得我在北方寒冷的冬日时时感到一丝暖意!期待能有更多的机会与他们合作。

感谢中国教育电视台袁小平台长,著名文化学者、北京大学中文系张颐武教授,中央电视台著名主持人敬一丹女士,著名文化学者、央视《百家讲坛》主讲人鲍鹏山先生等在百忙中拨冗为本书题词推荐,赠人玫瑰,手有余香。

由于笔者学识有限,见闻不广,因此,书中难免会有挂一漏万和舛误之处,恳请海内外方家不吝教正。

张志君
农历丁酉年壬子月大雪日于北京复兴门